贈呈

内田博美

もう一人の自分と出会う

# 音楽療法の本

内田博美
Uchida Hiromi

ARC アルク出版

# 目次

もう一人の自分と出会う　音楽療法の本

装幀・本文デザイン――義江邦夫（タイプフェイス）
カバー・扉装画――大坪紀久子

# プロローグ

## 音楽療法って何をするの?

音楽には不思議な力があることを誰もが知っています。音楽は疲れた心を癒《いや》してくれるし、励ましてもくれる。深い感動を与えてくれた曲はいつまでも心に残るし、音楽は毎日の〝元気の糧《かて》〟にもなる。けれども音楽にはもっと大きな力があるのです。

「音楽であなたの本当の姿が見えてくる」

信じられないかもしれませんが、これは本当のことです。目で見えない私たちの心を〝聞こえるかたち〟に翻訳する音楽。その音楽の力を借りて〝心の真実〟に気づく手伝いをしているのが音楽療法です。

私が初めて音楽から〝もう一人の自分〟を発見したのは、渡独して二年目の秋。音楽療法士になるためにドイツの大学で勉強しているときでした。慣れない留学生活に行き詰まりを感じていたので、その打開策として自分が〝患者〟になって音楽療法を受けてみることを思いつきました。

――音楽療法に癒しの効果があるのなら、私のストレスも解消してくれるにちがいない。名の知れたベテラン音楽療法士に電話をして、予約の日に教えられた場所に向かいました。大学から少し離れた静かな一軒家。音楽療法士の自宅の一室がセラピールームになっていました。

ワクワクしながら玄関のベルを鳴らすと、Tシャツを着た男性が微笑《ほほえ》みながらドアを開けました。五十歳前後でしょうか。「僕が音楽療法士です」と丁寧にお辞儀をすると、私を二階に案内してくれました。

部屋には薄いオレンジ色の絨毯、隅には小さなグランドピアノ。木琴、太鼓、小型ハープ、木製の笛、見たことのない珍しい民族楽器が並ぶように置いてあります。長いソファに腰を下ろすと、目の前の大きな窓の向こうに深緑の木立が見えます。あたりは静かで室外からは物音一つ聞こえてきません。

音楽療法士も私の隣の小さなソファに座りました。けれども足を組んで黙ったままです。

「あの……私、何をしたらいいのでしょうか……」

「どうぞ自由にしてください」

――自由？　どういうこと？　治療してくれるんじゃないの？

彼の表情は穏やかです。

「あの……私が何か楽器でも弾いたほうがいいのでしょうか、それとも……」

「弾きたいならそれでもいいですよ」

いったい、どういうことなのでしょうか。沈黙の時間だけが流れていきます。これでは五分、十分と何もしないでセラピーが終わってしまいそうです。私はこの時間のために治療費を払っているので、何か有意義なことをしなければと焦りながら、とりあえず自己紹介を始めました。

## 自分に近づく時間

時間はすでに三十分を経過していましたが、音楽療法士は相変わらず黙っています。不安はどんどん不満に変わっていき、私は彼に電話したことを後悔し始めていました。

――この人は本当に音楽療法士なんだろうか？

そう思った瞬間、

「今まで話してくれた内容の中で、あなたは何度か名前を取りちがえていたようだけど、自分で気づいてる？」

「えっ！？」

私はどうやら人の名前をときどきまちがってしゃべっていたようでした。思いがけないことを指摘されて鼓動が速くなっていくのを感じましたが、私は何ごともなかったように話を続けようとしました。すると、

「あなたは自分をごまかそうとしていませんか？」

彼の声はなぐさめるように柔らかく、その言葉から私は自分の心が読まれていることを感じて、しばらく視線を動かすことができませんでした。

次の週、新たな気持ちで二回目の音楽療法を受けていましたが、音楽療法士はまた黙っています。私はだんだん挑発的な気分になっていました。

「こんなのが本当に治療なんですか？」

いつまでも私が話しているだけではまるでお金の無駄遣いです。少なくとも音楽療法は〝セラピー〟なのだから癒しの効果を実感したい。ところが私の質問に彼は落ち着いて言います。

「音楽療法っていうのは〝心理療法〟だから、この六十分間はあなたの時間なんですよ。あなた、ここに何しに来たんでしょうねえ？」

それまで私は〝治療してもらう〟ことばかり期待していましたが、どうやら音楽療法に対する私の認識はまちがっていたようです。

そのとき、「自由にしてください」と言った音楽療法士の最初の言葉を思い出しました。でもやはり私はここで何をすればいいのか分からない。

突然の自由を手にして、私はこのとき初めて自分の主体性の弱さを思いがけず自覚するはめになったのです。

## もう一人の私と出会う

音楽療法士は再び沈黙してしまいました。

――どうしよう…。

ふっと部屋を見渡すと楽器が目にとまりました。考えてみればこれは音楽療法なのに私たちはまだ一度も音楽を聞いたり、弾いたりしていません。

「音楽でもしませんか？」

ほおづえをついている音楽療法士に声をかけると、一瞬驚いた顔をしてからうなずきました。

立ち上がって楽器のところへ向かうと、床に置いてあるカリンバ（アフリカの民族楽器）を見つけました。両手の親指で鳴らす小さな楽器。細長い鉄片を爪で〝ピン、ピン〟とはじくと、単純だけど美しい音がします。私はこの楽器に決めました。音楽療法士はピアノの前に座っていました。

水を打ったような静けさ。これから演奏が始まります。楽譜はありません。カリンバの音が私たちの音楽の始まり。音楽療法士も静かにピアノを弾き始めました。

五分くらいでしょうか。私たちは二人とも遊ぶように楽器を弾き続けました。途中で私はカリンバを弾きながらハミングするように歌ってみました。相手の音を聞きながら気ままに弾いて、ピアノの音もカリンバの音も消えていくように音楽は終わりました。私は楽器をもとの場所に置いてからソファにもどり、音楽療法士も黙って席に座りました。

気分転換にちょっと弾いてみただけの音楽。ところがそのあと、不思議なことが起こりました。音楽療法士の様子がいつもとちがう。彼は少し興奮気味に音楽がどうであったかを聞くのです。私には彼の質問の意味がよく分かりません。何も考えずに弾いただけです。感想なんて特にありません。

しかし、音楽療法士はこの音楽で驚くべき体験をしていました。演奏中、一つの風景が目の前に広がって見えていたというのです。それは海辺の風景。そこで小さな女の子が一人、貝殻で遊んでいる……。

音楽療法士はこの女の子の様子を熱く語り始めました。

――私と何の関係もないことなのに…。

いつまでも熱心に語る音楽療法士。彼は話を半分しか聞いていない私に気づいたのか、静かに問いかけてきました。

「この女の子は誰でしょうねえ……」

「……さあ?……」

しばらく続いた沈黙のあいだ、音楽療法士の目は私をジッと見つめていました。

〝気づいてごらん!〟

私はまるで彼にそう言われているようでした。

「この子は……私…？」

そんなことは絶対にあり得ないと思いながら、いつの間にか目には涙が溢《あふ》れていました。

## 自分の中にある〝変わる力〟

しばらくのあいだ、涙する自分への驚きと、それから不思議な安堵《あんど》感で、私は胸がいっぱいでした。

「音楽というのは、演奏するその人以上にその人物を表すんだよ」

音楽療法士は満足そうにうなずいています。

演奏から得た〝女の子〟と、私の涙との相関関係は、その後のセッションで重要なテーマになっていきました。このときは、まるで魔法にでもかけられているような気分でしたが、これをきっかけに、私は自分の弱さや寂しいという感情と初めて意識的に向き合うことになったのです。

さらに音楽療法を始めたばかりの私には、人の隠れた人格的な部分を、音楽療法士が特殊な能力を使って〝演奏から見抜いた〟ように思えていましたが、音楽療法では実は誰もが音楽から思いがけないメッセージを手にすることを知りました。そしてそのメッセージが何を意味しているのか。その答えも一つではありませんでした。

大切なことは、音楽で出会ったものをどのように受け取るか。その受け取り方によっては、自分を大きく変えていくチャンスになり得るということです。

たとえば、苦く痛い経験だと思っていた負の印象が、とらえ方一つで180度ちがうプラスの経験となるように、自分の経験を別の角度から見ると、その〝出来事〟の意味が変わっていきます。

私がここで体験した音楽療法は、音楽や療法士から癒してもらう受け身的な対処法ではなく、〝変わる力〟が自分の中にあることに気づき、主体的な生き方を自ら実行できるように助ける〝セルフサポート〟のための方法だったのです。

## 音楽療法のできること

誰からも何の評価や判断をされることなく、自由に思う存分に楽器を弾くことは、遊びに似た行為だといえます。ドイツ語で〝演奏する〟ことを〝Spielen《シュピーレン》〟といいますが、

Spielenには〝遊ぶ〟という意味があります。この〝遊ぶよう弾く〟ことに心理的なアプローチを取り入れた療法を、専門的な言葉で〝能動的な心理療法的音楽療法〟といいます。

この音楽療法でケアできる患者はたくさんいます。

たとえば、原因のよく分からないさまざまな痛みや症状を持つ人たちです。さらにうつ病をはじめ、パニック障害、摂食障害などの神経症全般、アルコールや薬物などの依存症、心の緊張やストレスによって体が不調になる心身症。統合失調症や虐待・性犯罪などのトラウマを持つ患者。さらに引きこもりや不登校、若者のあいだで増加している自傷行為をする人たちです。

そしてまた、音楽療法は誰でも受けられるものなのです。特に、自己主張があまり得意ではない人が多い日本の場合、この音楽療法には大いに活躍できる可能性があります。何も語らなくとも、音が言葉の代わりをしてくれるからです。

音楽療法では、無理に自分をアピールする必要はありません。自分の本当の気持ちが分からない人、自己の内面を言葉にするのが苦手な人、理性的な面が強い人なども、自分の弾いた音が、意外にもたくさん自分自身を代弁するのを知って驚くはずです。

人間関係や仕事上の悩み、どうしてもやめられない悪い癖や、人生の中で同じ失敗を繰り返してしまうことなど、こうした問題を根本から解決するには、自分の心を見つめなおすことで初めて可能になります。自分を知るのは難しいことですが、音楽療法にはその助けができるのです。

日本でも音楽療法が行われていますが、クラシック音楽や歌謡曲などの既成曲を使うことが多く、音楽の概念が狭い世界に閉じ込められているように思われます。

本来、音楽療法士とは音が人を語ることを知っている人たちです。音楽は人間の内面と深いかかわりを持っている。まさにその音楽の特徴を使って、自分の生き方を根底から見つめて、悩みを少しでも軽くして、より幸せで満たされた人生を送れるように助けるのが音楽療法の役目なのです。

音楽を使って人がどのように自分と出会っていくのか、その具体的な例を、これから皆さんと一緒にみていきたいと思います。

# 1

# 音楽で心とからだの真実に気づく

# 心の痛みがからだの痛みになるとき

## 事例1

### 原因不明の慢性頭痛に悩むAさんの場合

#### 検査をしても悪いところが見つからない

夫と二人暮らしをしている女性Aさん（49歳）は、原因不明の頭痛に長年悩んでいました。頭痛が始まった頃、内科で精密検査を受けましたが、特に悪いところが見つかりません。医者が処方した痛み止めの薬は飲み続けるうちに効かなくなり、別の医師を訪ねますが診断結果はいつも同じ。異常がないのに頭痛はますます強くなるばかりで、ひどいときには立つこともできません。

Aさんはその後も病院を転々としますが、何が原因で痛いのかが分からない。痛みからとにかく開放されたくて、鎮痛剤を大量に服用したこともありましたが、頭痛が治まることはありませんでした。

こうして長い月日が過ぎていきました。痛みはいっこうに消える様子がなく、だんだんと生きる気力さえも失われていき、最終的に医師から「内因性のうつ病の疑いがある」と判断されました。

Aさんは自分の感情や考えを話すことがまったくできません。楽しかったことや悲しかったことを思い出すことができず、痛みだけは強く感じますがそれ以外のことはすべて麻痺しているかのようです。

「今、どんな気分ですか？　普段は何を考えながら過ごしていますか？」

医師の問いかけにAさんは答えられません。何も覚えていないし、何も感じない。数少ない会話も彼女の感情や気持ちから発せられる言葉ではありません。

そんなAさんの様子を見て、主治医は音楽療法を受けるよう勧めたのでした。

「一緒に音楽を演奏してみませんか？」

音楽療法士の言葉に、痛みを早く和らげたいAさんはすぐ応じました。それから楽器をいくつか見渡して鉄琴に歩み寄りました。

これからAさんにとって初めての演奏が始まります。思うままに楽器を弾く即興スタイルの演奏です。音楽がいつ終わるのかは分かりません。

鉄琴の音が鳴ると寄り添うように音楽療法士もピアノを弾き始めました。ところがAさんはすぐに手を止めてしまいました。どうしたのでしょうか。彼女の演奏はとても短く、これでは音楽を演奏したというよりも、楽器の音色を確かめるために音をちょっと出してみたようなものです。

## 夢を思い出しながら弾く

「楽器を弾いてみてどうでしたか？」

「……別に……」

言葉の少ないAさん。言葉だけではなく演奏も極端に短い。音楽療法士は戸惑いました。けれども何か突破口があるはずです。

「Aさんは普段、夢を見ますか？」

「夢はあまり見ません。だけど、何度か悪夢を見ました」

「そうですか。どんな夢だったか、よかったら教えてもらえますか？」

「いつも同じ夢なんです……私が下へどんどん落ちていって、落ちきったところで死んでしまうんです。それで恐ろしくて目が覚めます」

そしてAさんは夢から目覚める直前に「お母さん！」と叫んでいました。隣に寝ているAさんの夫が、彼女の叫びをいつも聞いているのです。

「その夢について、何か思い当たることはありませんか？」

「……特にないです」

よく分からない夢。彼女にはこんな夢を見る理由もきっかけも何も思いつかない。普段は母親のことをほとんど忘れていて、特別な感情はないと言います。なのに「お母さん！」と叫んでいる。彼女にとっては自分が母親を呼んでいることが信じがたく、夫の勝手な作り話なのだろうと考えていました。

「その夢をテーマに楽器を弾いてみませんか？」

「えっ？　あんな夢？　何の意味もないのに……」

「そんなことはないですよ。Aさんは今、夢を話してくれましたよね。もう一度その夢を思い返してみてください。夢を思いながら同時に楽器を弾いてみるんです。

夢の体験や感情を音で表現する必要はありません。指の動くままに弾いてみるだけです」

Ａさんはうなずいてからバス鉄琴の前に立ち、音楽療法士はピアノに向かって二人の演奏が始まりました。思索的な音楽でそれほど大きな動きがありません。

「夢を思い出しながら弾きました」

演奏が終わるとＡさんはそう言いましたが、夢で語られた怖い思いは音の中に反映されませんでした。自分で弾いた音楽の感想を述べることもできず、感情的なものも出てきません。何かを思い出したりすることもありませんでした。

## 音楽から見えてくるもの

「今の演奏を聞いてみませんか？」

音楽療法では患者の反対がない限り、演奏はいつもテープに録音されます。そうすればあとで聞き返すことができるからです。音楽療法士はたった今、二人で弾いたばかりの音楽をＡさんと一緒に聞くことにしました。

カセットレコーダーの再生ボタンを押すと、先ほど演奏した音楽が聞こえてきました。

するとそれまで沈んだように座っていたAさんの様子が急に変わり、ソワソワと落ち着きがなくなってきました。そして初めて自分から話を始めたのです。

「音楽を聞いていたら急に……母の葬儀が……見えたんです」

Aさんは泣いていました。音楽を聞くと急に鼓動が速くなって、すると同時に母親の葬儀のときの様子が目の前に見えてきたというのです。

しばらく泣いたあとにAさんはゆっくりと両手で涙をぬぐい、それから心不全で亡くなった母親のことを話してくれました。母親は未亡人で「死にたい」という言葉が夫を亡くして以来の口癖でした。決して口答えしない人で、それは夫に対してだけでなく誰に対してもそうでした。Aさん自身も本音を言うのが苦手で、話せる相手は母親だけ。母親の側《そば》がAさんにとって一番安心できる場所だったそうです。

母親が死んだとき、友人たちはAさんを励ますように言いました。

「親っていうのは、私たちより先に死ぬものなのよ」

「人間は誰だっていつかは死ぬんだから」

そんな慰めの言葉にAさんは「それはちがう。お母さんが死んでしまって、私は心の底から悲しんでるの！」と言うことができませんでした。

Aさんには本心を肯定する強さが欠けていました。葬儀での友人の「励まし」によって、Aさんは母親を失った深い悲しみに気づくことのないまま、もっと正確に言うならば、気づこうとしないまま、心に「ふた」をしてしまったのです。

## 心の真実を知る

Aさんは「母親の死なんて気にするな」という友人のメッセージを心の中で無条件に受け入れてしまい、本当は悲しいのに悲しむことができないまま、その後の人生を生きていくことになりました。

自分の本心よりも他人の意見を優先してしまう性格的弱さは、Aさんが病院を渡り歩くあいだも拡大していきました。医師から「異常がない」と言われ続けたことで、彼女の痛みは誰にも分かってもらえず、最終的にAさんは医師の言う通り、痛みはないものとして考えるようになり、自分の知覚や主観がおかしいと思うようになっていったのです。

母との死別の悲しみは、Aさんの中でまだまったく手つかずのまま放置されていました。それが今、自分で演奏した音楽によって初めて意識されました。音楽で表現されたものは、Aさんがずっと胸の奥にしまいこんでいた心の真実。そのことに気づくと、これから何をすべきかがAさんには分かり始めてきました。それは自分を信じること。自分の中に生まれる感覚や感情を〝自分のもの〟として受け入れることです。

心の真実に気づけば、自分の進むべき道が自然と見えてくる。答えは他人から与えられるものではなくて、自分自身で気づいていくもの。セラピー（音楽療法）を続けながら自分の心に耳を傾けることで、Aさんは少しずつ自分を信頼する力を取りもどすことができるようになっていったのです。

# 心の病は薬だけでは治らない

## 心の痛みが無視される

Aさんの心の問題はずっと放置されていました。自分の痛みが〝本物〟であることに自信が持てず、自分の知覚を疑い続けて何も感じることができない状態だったのです。病院を渡り歩いたAさんの心の痛みに耳を傾ける医者はいませんでした。

ここ数年、〝心の病〟がクローズアップされています。

私の知人（40歳　女性）は六年間うつ病で悩んでいました。うつ的な気分になると気持ちが落ち込んで不眠になり、食欲が減退していく。何もしていないのに朝が起きられないほど疲れを感じるので、当人は心の不安やストレスよりも体の不調のほうが気になります。

最初に内科を受診して「異常なし」と医師から言われました。けれども周囲の薦めもあって精神科へ行ってみると「うつ病」と診断され、それからなるべく副作用の少ない抗うつ剤を服用し始めました。

具合は良くなりましたが薬を止めるとまた不調になり、今では二種類の抗うつ剤と抗不安薬を飲み続けています。１００mgも抗うつ剤を飲むようになると、血圧が下がる副作用が出て、血圧を上げる薬も追加されました。こうして薬が少しずつ増え続けています。

薬の治療は大切です。しかし薬物治療では体のケアはできても、それは心のケアではないと思うのです。

彼女は六年後に「薬だけでは治らない」と医師から言われて、自分の性格や考え方を変えたいと思うようになりました。メンタルヘルス関連の本を多く読み始めましたが、私は彼女に精神療法を受けることを薦めました。自分を知ろうとするのは大切なことですが、それは思うよりも難しい。自分一人だけで自分自身を見つめるには限界があるのです。

## 心は複雑で矛盾している

なぜ自分を知ることが難しいのか。それは人には無意識という心の領域があるからです。

無意識は自分で認識することのできない心の部分。私たちが考えて感じることのできる意識の部分とは異なる世界です。手を伸ばそうとしてもなかなか届かない。そんな無意識が実は私たちの行動や思考に多大な影響を与えていると考えられているのです。日常生活の中で私たちは人の名前を聞きまちがったり、鍵をなくしたり、忘れ物をしたり、物を壊したりする。そんな些細《ささい》な出来事が起こる原因が実は無意識と関係していると言ったのはフロイトでした。

S・フロイトは十九世紀後半にウィーンで活躍した医師で、精神療法の基礎を作った人です。聞きまちがえや言いまちがえには理由があり、それは無意識の中に抑圧された欲求や、秘められた願望の現れだと考えました。フロイトによると、もしあなたが鍵をなくした場合、無意識的に鍵がないほうがいいと心の中で望んでいたからだと説明されます。

当人にとってこれは信じがたい話なのですが、映画の悲しいシーンで笑ってしまった経験はありませんか？

自分にとって大切な人が亡くなったのに、心のどこかでホッとしている自分。怒るべきところで本気で怒れない自分。大好きな人をいじめてしまう自分。私たちはときどき矛盾した行動をしています。

変だと思う自分の心理には隠れた理由があることを明らかにしたのがフロイトでした。

自分にとって無意識だった事柄に気づくと、私たちはその事実に衝撃を覚えます。無意識の内容が自分の意識とはまったく正反対であることがめずらしくないからです。しかしその正反対の内容が、私たち自身を作っている存在の〝核〟にあったりもするわけです。

意識では「私は絶対に結婚したい」と思っているのに、無意識では「結婚したくない」と思っている場合、恋愛はなかなか成就しません。暴力的で支配的な父親を嫌っていた人が、心の真実を見つめていくと、実はその父親から愛されることを望んでいることもあります。私たちの心は不思議なほど矛盾しています。

## からだは覚えている

夢も無意識と関係があるといわれています。睡眠中は自我の意識が弱まるために、心の奥に押し込まれていたものが、変形しつつ浮かび上がりやすくなる。そして心の病気も実は無意識と深く関係していると考えられています。

私たちは不安、自己嫌悪、喪失感、孤独感、悲しみを普段の生活の中で感じますが、無意識の不安や悲しみというものもあります。無意識の不安や悲しみとはいったいどういうものなのでしょうか。

見たくない現実を目の前にすると私たちはそれを忘れようとします。湧いてくる自らの怒りや不安の気持ちを自覚することなしにすぐに抑えてしまうこともあります。けれども一度経験されたものは私たちの中に残るものです。意識されないところへ押し込まれて忘れ去られても、消えてなくなることはありません。体は覚えているのです。

私たちが拒否したものは、自覚されないまま心のどこかで存在し続けていますが、それはいつも自己表現の場を探していて、何かのきっかけで体の不調となって表現されることがあります。私たちは体の痛みにはすぐ反応しますが、心の訴えになかなか気づくことができないようです。

無意識は私たちを守るように動いています。自分にとっていやなことや不快なことを忘れること、考えないようにすること、思い出さなくてもいいようにすること、これも無意識の仕事です。けれども無意識へ抑圧されたものは、かたちを変えて私たちに影響を与え続ける。抑圧されたものはどこかへ押し込まれて隠されているだけで、消えてなくなることはないし、それが心の病の原因となる場合もあるのです。

フロイトは無意識を分析することで、人が病気になるメカニズムを解明しようと試みました。もし、無意識的なものが病気の原因であれば、私たちは自分の無意識につながる内面世界と向き合っていかなければなりません。自分らしさを取りもどして生きていくためには、普段は自覚することのない心の部分を無視することができないのです。そして実は音楽がその役割を担い、心の様相を知る手がかりを与えてくれるのです。

# 音楽で心の真実に気づく

## 事例2 睡眠障害とからだの痛みを訴えるK氏の場合

### 職場のストレスでからだが不調になった

公務員のK氏（43歳）は少し肥満体型、既婚で三人の子どもがいました。まじめで思慮深く、ここ数年は職場のストレスでかなり疲れていました。仕事にはいつも一生懸命に取り組む毎日。けれどそんな努力は報われぬまま、彼以外の同僚が次々と昇進していきました。

――こんなに頑張っているのに…。

そのうち休日になるとなぜか関節が痛むようになり、その痛みもだんだんと強くなっていくようでした。この数ヶ月は睡眠障害で仕事を休む日が続いたので、主治医に相談して心療内科に入院することを自分で決めました。

入院した日、全身の関節に強い痛みがあったので、内科と神経科で検査を受けましたが、悪いところは見つかりません。検査結果に納得できないK氏は入院当日から表情が険しく、医療スタッフに対しても不満がありそうでした。


K氏がグループ音楽療法にやって来ました。円形に並ぶ椅子に座り、誰もが初参加だったのでお互いに自己紹介をしてから音楽を演奏することになりました。楽器棚からK氏が手に取ったものはアルト・リコーダーです。

演奏を始めると、すぐに調和を感じる音楽が展開されました。グループの一人ひとりが何を弾いているかが分からないくらいぼんやりとした響き。静かで緩やかな音楽。ところがアルト・リコーダーだけは派手なトリル演奏をして元気があり、とても目立っていました。

「僕の音だけがグループのハーモニーとぜんぜん合ってない！　みんなの演奏の邪魔をしていて完全に浮いていた！」

録音していた演奏を聞くと、K氏は自分の音楽に怒り始めました。

「今の音楽みたいに、僕は家庭でも職場でもみんなとウマが合わないんです。まあ、僕が全部悪いんですけどね」

シニカルですぐに自己批評するK氏。しかし、実はそれが他人から非難される前にとりあえず自分を批判しておく一種の自己防衛であることが、誰の目にも明らかだったのです。グループは彼に同情しながらも、何度も繰り返される自己否定発言を不快に感じていました。

グループとの摩擦は何度もありました。たとえばメンバーの一人が退院してグループから抜けたとき、残された人たちは気落ちしていましたが、K氏だけは平然としているので、

「なぜ君はそんなに平気でいられるんだ！　冷たいヤツだな。気持ちが少しも動かないのか！」

グループから責められましたが、

「動くっていうのは、あの人を後から追いかけて連れもどす、それが本当に気持ちが〝動く〟ってことでしょう？」

K氏はそう答えたのです。

言葉の独特な解釈。会話の中で繰り返される突拍子もない発言。グループにはK氏の真意が分からず、彼のほうにも自分を理解してもらえない疎外感がある。K氏は人と心が通わないことにずっと悩んでいるのです。

## 音楽療法士の提案をこころみる

時間がたつにつれてグループはK氏の悩みを理解するようになり、彼が不可解なことを言うたびに、

「その言葉づかいはちょっと変じゃない？」

と冗談やユーモアをまじえながら忠告するようになりました。

ある日、K氏は個人音楽療法で仕事の話をしました。

「自分の意思で公務員になったわけじゃないんです。でも誰かを差別せずに、みんなに公平な態度で接することができるのは僕の理想ですよ」

この言葉は、彼の〝夢見る少年〟的な側面をよく表しており、理想を実現するために、家庭でも職場でも、公平に接することを常に心掛けているようでした。

しかし家族であろうと、上司であろうと、同僚であろうと、見ず知らずの一般市民であろうと、すべての人が彼にとって〝公平〟に存在するということは、好きな人も嫌いな人も知らない人も、彼の中では〝まったく同じ〟ということでもあります。

音楽療法士は彼の話を聞いて、次のように提案しました。

「これから二種類の音楽を即興的に演奏してみませんか？」

音楽療法士はすべての音を均等に扱う方法と、一つの音を重点的に演奏する方法を弾き比べることにしました。

「まずは一度弾いた音をなるべく二度弾かないように演奏してみましょう。弾いた音と次の音とは〝見ず知らずの他人〟みたいに弾くのです」

K氏は木琴を選んで演奏を始めました。音楽はどの調性にも偏《かたよ》ることなく無機質な響きがして、ピアノを弾いていた音楽療法士よりもみごとなほどです。

「今度はドの音から弾き始めましょう。ドレミファソラシドの音だけを使って、なるべく音楽の終わりもドになるように弾いてみてください」

二度目の演奏ではドの音が中心に演奏されたので音楽はすぐに純粋なハ長調になって、調和的なメロディラインとリズム感も生まれました。K氏はこの音楽に感動した様子でした。

「今のはすごくいい音楽だった。とても良かったから、つい演奏が長くなってしまった」

## 無意識の奥に閉じ込めていた自分

二つの演奏をしたあと、K氏は昔のことを思い出しました。病気がちだった子どもの頃の記憶です。

「そういえば僕は小さい頃、よく一人でベッドに寝かされてました」

K氏は友達と一緒に遊ぶことができず、自分が〝どこかの国の立派な王様〟であるという空想をしながら、ベッドの中で一人長い時間を過ごしていたそうです。

「僕が立派な人間でありさえすれば、みんな幸せでいられる。そんな想像をしてたんです」

人々を幸せにする立派で偉い自分。その理想的な自己像を、K氏は大人になった今でも持ち続けていました。

空想の世界では王様であるはずのK氏。けれども現実の彼は〝小さな役人（公務員）〟にすぎません。〝現実の自分〟と〝理想の自分〟との大きな不一致。このズレが、永いあいだ心の中で解決できずにいた強い焦燥感と劣等感の原因だったことに、K氏は二つの種類の演奏をすることで気づいたのでした。

劣等感を克服するために、現実世界でも必死に王様になろうとしていたK氏。無意識の奥にあった心の本当の欲求に気づくと、急に体がリラックスしていくのを感じ始めていました。

K氏はその後のセッションでも、新しい自分を次々と発見するようになりました。それは個人音楽療法でのことでした。

「一人で働けたらどんなに気が楽だろうって、いつも思っていたんです」

彼はその言葉通りの思いを、実際の音にしてみることにしました。即興演奏では必ず音楽療法士が一緒に参加しますが、このときはテーマにしたがってK氏が一人で演奏することになりました。

「僕は今から思いっきり弾きますよ」

彼はそう言いながら、鉄琴を弾き始めましたが、実際に弾かれた音楽は彼が考えていたような勢いのあるものではなく、むしろ目的がなく揺れているような、まるで夢を失ったような繊細な音楽となったのです。

「あんなふうに演奏するつもりは、まったくなかったんですけどね」

彼にとって一人で弾いた音楽は予想外なものになりましたが、「弾いていて気分が良かった」と彼は自分の音楽体験にも驚いていました。

その気分の良さは、K氏がもう一度演奏をテープから聞いたときにも実感できるものでした。

「この音楽は僕自身ですよね」

理性的で男らしい自分をいつも他人に見せようとしていたK氏。彼はこの演奏がきっかけで、自分の中に守るように閉じ込めてきた繊細な一面に気づきました。それは誰にも気づいてもらえず、存在すらしないものとして排斥されていたもう一人の自分でした。

人は一般に自分の弱い部分をあまり意識しないようにするものですが、弱い自分を無視し続けても、それが消えてなくなることはありません。無視されている自分はその存在をいつも認めてもらいたくて、気づかないあいだに私たちの生活の中に顔を出しては、自分の一部として受け入れてもらえるときを待っているものなのです。

## 本当の自分を知ると強く生きられる

弱い部分を発見したＫ氏は、それをグループに示したくて、以前よりも多く自分のことを話すようになりました。

グループは彼の気持ちに気づき、「悪いのはきっと僕のほうなんだ……」とＫ氏が言い始めると、「また自分を悪者にしているよ」とやさしく注意するのでした。

グループ音楽療法が終了を迎える頃、Ｋ氏は音楽で何か新しいことを試してみようとしました。それは強く激しい演奏をしてみること。Ｋ氏は最後のグループ演奏で、激怒したように小太鼓を叩き続けました。

「はあ……よくやった！　この演奏で関節の全部の痛みを追い払ったぞ！」

彼は深く息をしてとても満足そうでした。

Ｋ氏の治療は約七週間行われました。その後、グループのメンバーは退院しましたが、一年後に音楽療法士を含めて再会する機会がありました。

Ｋ氏の関節の痛みと睡眠障害は完全に改善されていました。にもかかわらず、彼はまだ心理療法を受けていました。これは良い意味で彼が変化し続けていることを意味しています。

職場では退院後、同僚との関係がさらに悪化して転職しようとしたものの、結局はできなかったようです。以前のＫ氏であれば自分を責めているところですが、今ではその傾向もなくなっていました。家庭の中では「男とはこうだ」と勝手に決めた役割を自分に与えることをやめて、料理や家事をして家族と一緒に過ごす時間を大切にするようになりました。

一方で、彼は一人になる時間がまだ必要だとも言いました。

「君には前から引きこもりの傾向があったね」

グループメンバーの言葉に、Ｋ氏はまじめな顔で誇らしげに答えました。

「そうかもしれない。だけど昔とちがって今では引きこもっている時間が、自分にとって大切な時間だってことを知っている。自分自身がそれを知っているのと知らないのとでは大きなちがいだよ！」

自分自身に対して厳しかったK氏は、少しずつ自分らしさを受容しつつあるようでした。自分の弱さはなかなか認められないものですが、本当の自分を知る人ほど強く生きていけるのです。

さらにK氏は〝親友〟がいることにも気づいたそうです。他の人はただの知人であること、友人を単なる知人と区別して大切に想うこと、相手を特別に想う気持ちから温かい心の交流や生きている充実感が得られること。彼が求めていたものはすぐ身近にあったのです。

# 音楽から無意識の願望を知る

## 音楽で自分に気づく

誰しもが自分を見つめていると、自分の弱い部分と向き合うことになります。K氏が音楽療法を続けているうちに見えてきたことは、とても自分だとは思えない傷つきやすく不安で繊細な自分でした。

K氏の弱い自分はまったく意識されていませんでしたが、彼の生き方には強い影響を与えていました。

無意識は意識されることがないから無意識と呼ばれます。ですが無意識の意識化は不可能ではありません。

無意識の内容を知るためにはいくつかの方法があります。元祖フロイトの方法は言語療法と呼ばれるもので、言葉を使って人間の無意識の世界へ近づき探っていこうとするものです。人間の想像力や創造力も無意識と関係しているといわれますが、言葉以外に実はアート（芸術）も無意識へ近づく道筋を作ります。なかでも音楽は私たちの心の動きと密接な関係にあると思われます。

音楽を用いて自分を発見すること。これが音楽療法の一つの目的です。音楽は当人すら気づかない心の動き、心の中で描かれる原風景、他人や自分自身に対して持っているイメージ、本来の自分らしさなどを映し出してくれます。音楽が伝えるものを受け取ることで、私たちは自分の知られざる部分に気づくことができるのです。

音楽療法の素晴らしいところは、病気を治そうとする意思や自覚がない人にとっても心のケアができるということです。無意識を意識化するのはときに大変な作業なのですが、つらい過去を無理に振り返る必要もなく、言いたくないことを頑張って言わなくてもいいのです。なぜなら音楽が自然と心の風景を私たちに伝えてくれるからです。

## なぜ自分を知る必要があるのか

音楽はいつも何かを私たちに伝えようとします。音が伝えるメッセージは私たち自身。音楽のメッセージを聞くことは、心のメッセージに耳を傾けることでもあるのです。

私はこの本の中で、「もう一人の自分に気づく」とか「本当の自分を発見する」という言葉をよく使っていますが、なぜ自分を知る必要があるのでしょうか。

それは私たちがまったく気づかないあいだに、他人の価値観や人生観に縛られていることがあるからです。私たちはいつの間にか自分らしさを押し殺して生きている。こういったことは、普段の社会生活の中で人間関係が円滑で順調なあいだは、何の問題もなく考える必要さえ感じないものです。

ところが急に生活環境が変わったり、転職や病気、子どもが生まれたときや親しい人が亡くなると、今まで通りの生き方では通用しない事態に直面します。自分を無理なく適応できる場合は問題になりませんが、そうでない場合に私たちは行き詰まりを感じます。そしてあらためて自分について考えることを余儀なくされます。

自分の生き方や価値観というものは、一般に自分の親からまったく無意識に受け継いでいます。大人になってもそれがまるで自分のものであるように感じてしまっています。無意識的に身につけたものだから自分では気づかないのです。

しかしながら私たちは親から小さい頃ダメだと言われたことを、もうその必要がないのに、大人になっても守っていることがあります。学校の先生のいいつけを守っていることもある。

お金は汚いと言われて育った人が、仕事をすることや就職することに不安を覚えること、嘘《うそ》は泥棒の始まりと言われた子どもが、大人になっても思いやりのうそがつけないこともあります。

食事の取り方、電話口での対応の仕方、話し方など、親の生活習慣も子どもにしっかりと伝承されてしまっている。私たちはいつまでもそれを意識しない限り、自分の身近にいた人たちの価値観や世界観といったものから逃れられない。

だから私たちは自分を取り巻いて影響を与えている事柄に気づくだけで、解放された感覚を得ることがあります。まるで〝自由〟を手にしたように意識が開かれて、急に自分の存在がはっきりと感じられるようになってくるのです。

自由という言葉は大げさな言葉かもしれませんが、別の言い方をすれば、他人の価値観に依存することなく自分らしく生きられるようになったということでしょうか。

さらに別の言葉でいうならば、自分を他人と比較することがなくなる、自分を愛せるようになる、他人や社会の価値観に自分を当てはめる必要がなくなる、自分の価値は自分で決められる、本来の自分以上の自分を求める必要がなくなる、ということでもあるでしょう。

## 音楽体験は自分を知るキーワードになる

音楽療法では音楽を使って心のケアを試みますが、そのために楽器を即興的に演奏します。

音楽はときに言葉よりも多くを語るのです。したがって心理療法的な音楽療法では即興演奏を抜きに考えられません。即興演奏はいわゆる外科医のメスのように、音楽療法にはなくてはならない治療道具なのです。

多くの人は音楽療法で楽器を演奏すること、しかも楽譜もなく即興的に演奏しなければならないことを知ると、「自分には音楽の才能がないから」としり込みします。

これは当然の反応です。音楽を専門に勉強した人でも、即興と言われるとためらいがちになります。

「今までの人生でまだ一度も楽器を習ったことがないから、うまく演奏することができない」

そう言う人もたくさんいます。

学校の音楽の授業で恥ずかしい思いをしたことのある人の多さにも驚かされます。この人たちは自分のことを音痴だとか音楽性がないと思い込んでしまっています。けれども音楽療法は音楽の授業ではありません。

音楽療法の即興はジャズやクラシック音楽の中でみられる即興とはちがい、音楽の才能や技術、知識は必要ないのです。弾きまちがいを気にすることなく、子どもになったつもりで遊ぶように自由に楽器を叩いてみるだけでいいのです。指が自然と動くように弾いてみる。これが音楽療法では大切なことなのです。

〝自然と動くままに弾いてみる〟というアイデアは、精神分析を創始したフロイトの自由連想法から借用されています。自由連想法は無意識の世界を探求するために生み出されたもので、長椅子に寝そべった患者が、頭に浮かんだことや思いついたことのすべてを言葉で治療士に伝える。そうすることで無意識の世界を探求するのです。

これと同じ原理で、音楽療法でも音を使って心の内面世界を見ていくことができます。音楽が伝えるものは、言葉とはちがって抽象的で意味のまだはっきりしないかたちですが、音楽を演奏したり聴いたりしていると、人はそこでいろいろなことを体験します。その体験から無意識を知ることができるのです。

たとえば音楽によって昔のことを急に思い出したり、風景が見えたり、詩や言葉が思いつくこともあります。

反応は人によってさまざまですが、音楽は自然と人の心を動かすので、意図的に努力して懸命に何かを思い出す必要はありません。音が鳴りだすと同時に体の中に呼び起こされるものに注目する。すると突然、自分に向かって何かしらのイメージが降りかかる。または何かが突然見えてくる。そんな体験です。

体が重く感じられたり、右腕だけが痛くなってきたりするような体に付随する現象もあります。こうしたすべての体験は自分を知るためのキーワードになっていくと考えられているのです。

# 今までの生き方を問う

## 事例3

## 自分を周囲から遮断しているパーキンソン病のH氏の場合

### 人間関係がストレスになるとき

エンジニアのH氏（54歳）は妻と二人暮らし。あるとき、左手がふるえていることに気づき、気になって病院へ行くとパーキンソン病と診断されました。幸いなことに症状があっても日常生活には支障がなく、H氏は通院しながらも仕事を続けていました。しかしH氏はかなり前から職場の人間関係で問題を抱えていました。同僚と小さなトラブルがあるだけで、強いストレスを感じて全身が緊張で押しつぶされそうになる。しばらく我慢しても最後には限界で倒れそうになるのでやむなく帰宅する。発病してからもそんなことが何度か続き、しだいにストレスを感じるだけでふるえの症状も悪化するようになったために、H氏は心療内科のクリニックに入院することになりました。

「演奏してみませんか？」

個人音楽療法の最初の時間、H氏は音楽療法士に促されて鉄琴の前に歩み寄ってバチを手に取りました。硬い表情で鍵盤をジッと見つめています。

音楽療法士はピアノに向かいました。

音楽が始まると、彼は鉄琴の鍵盤を一つ一つ順番に弾き始めました。音の大きさがどれも同じになるよう心掛けているようです。

「演奏って、うまく弾けるように練習することかと思ったよ」

演奏のあとにH氏はそう言いました。

「そうですか。ではもう一回弾いてみますか？」

「そうだな、今度は練習じゃない感じに弾いてみるよ」

二回目を演奏してみると、今度は静かでどこか沈んだような響きになりました。

「ああ、今のは弾いていて気分が良かった」

H氏は演奏後にそう述べましたが、しばらく物思いに耽《ふけ》っていました。「何か気づいたことがありますか？」

「今のではなくて、最初の音楽のほうなんだが…」

「ええ」

「実は最初に演奏していたあいだ、風景のようなものが頭の中に浮かんでいて、それが気になってるんだ」

「どんな風景でしたか？」

「知らない場所だったけれど、すごく大きな木がたくさん立ち並んでいて、渓谷のようだった。そこには僕しかいないんだけど、川が近くにあるみたいで、ピチャピチャと水の音がして、僕はその音をずっと聞いていたいって思ったんだ」

H氏はその後も音楽を演奏するたびにイメージを見ていました。そのイメージはいつも同じではありませんでしたが、〝遠くの世界〟〝静かに眠る宇宙のようなところ〟〝世俗的ではない雰囲気〟であり、現実とはちがって気持ちの休まるところのようでした。

H氏と音楽療法士は一緒に演奏した音楽を聞いてみることにしました。

音楽を聞き終わると、H氏は目を閉じたままじっと動かずに考え込んでいるようでした。音楽療法士は彼の様子を見守っていましたが、しばらくするとH氏は目を開けて深く椅子に座りなおしました。

「また気になる映像が目に浮かんだよ」

「どんなでしたか？」

「目を閉じて音楽を聞いていると、あの安らぐような景色がまた見えてたんだ。だけど目を開けたとたん、すべてが消えて何も見えなくなるんだ」

「目を開けていると、風景が見えないのですね？」

「そう。目を開けていると、すべてのことが無意味に思えてならない」

H氏は深くため息をつきながらそう答えました。

## 仮想の世界に逃避する

H氏の職場でのストレスはパーキンソン病と診断される前からあるものでした。職場の雰囲気があまりにも悪く、仕事へのやりがいも失いかけていたために、彼は何とかストレスを解消できないかといつも考えていたそうです。

そしていつの頃からか自分を周囲から遮断すると、緊張感が和らぐことに気づいたといいます。

まわりで起こっていることに一切関知せず、何も感じないようにする。耳も目もまるで閉じるようにして自分の世界に引きこもれば不快な思いをせず、精神的な圧迫感から逃れることができる。

H氏はストレスを感じると、自分と外界のあいだにバリアーを張ってその場を乗り切る術を覚えたのです。

「音楽で見えていたあの景色。あそこにいると、すごくリラックスできるんだ。まるでオアシスのようだ。できればこの忙《せわ》しない現実世界とは縁を切ってあっちの世界に行きたいものだよ」

H氏は音楽の風景からも、ストレスから逃れるために自ら生み出した〝避難所効果〟が得られることに気づきました。

彼が特にストレスを感じていたのは職場でした。自分勝手な上司と協調性のない同僚たちに対する強い怒りの感情をうまく解消することができず、ストレスを感じると自分で作りだした空想世界へ飛んで現実逃避をしていたのです。しかし今では、その空想世界から抜け出ることが彼にとって難しくなってしまうほどでした。

人は誰でも、日常生活の合間にマンガやゲーム、小説の世界に自分を没頭させることがあります。そこは現実とはちがうフィクションの世界。それはファンタジーの世界であり、時がたてば意識は現実世界にもどってきます。

H氏の場合、自分が描いた内面世界に身を置く時間が、少しずつ長くなっていきました。ファンタジーの世界へ一時的に現実逃避するというよりも、むしろ現実からすっかり〝遮断〟したところに自分を住まわせて、ファンタジーの世界だけが本当に生きている場所であるように感じ、実際に生活している現実世界の自分は感情も思考もない状態になっていたのです。

自分にとって都合の良い仮想世界を作りだしても、現実は何も変わりません。彼は職場以外でも現実離れした世界にいる時間が多いことに、治療を通じて気づきました。自宅では妻に対して心理的距離を作っており、H氏は自閉的で冷たい夫であったにちがいありません。

## ネガティブな感情とも関係を持つこと

「このままでは本当に自分を見失ってしまう」

H氏はいつの間にか遠く離れてしまった〝現実の自分〟を取りもどしたいと思い始めていました。そこで音楽療法士は、その思いを音楽で表現することを提案しました。彼の場合、音楽を演奏すると仮想の世界が現れるので、現実世界のストレスを音楽で表現してみるのです。

ところがこの演奏がうまくいきません。弾き始めても途中で演奏をやめてしまうようになり、治療がまったく進まなくなってしまいました。

「音をガシャガシャと鳴らすだけでは意味がないから、うまく演奏できるようなメロディを教えてほしい」

音楽療法を始めた頃のH氏と比べると、明らかに不安な様子。仮想世界を失ってしまうと自分はどうなってしまうのか。あの世界はH氏にとって心の居場所。それを失うと自分はまた危険にさらされる。

彼にはまだまったく自分を変える決心がついていませんでした。


退院の日が近づいていました。

音楽で二つの世界を融合する試みを辛抱強く続けるうちに、少しずつですが変化がみえ始めていました。以前は不協和音がないハーモニーだけが豊かに響く音楽。それが今では攻撃的な音や緊張感のある響きがまじり、全体的に多彩で活発な音楽になっている。今までまったく聞こえてこなかった怒りのこもった音がときどき表出されるようになったのです。

H氏は現実世界の怒りや人間関係の不快さから逃げていたので、セラピーでは怒りや不快さを表現することが重要なテーマでした。

多くの人は自分の怒りをネガティブなものと考えて、忘れようとしたり意識しないようにします。しかし怒りは喜びと同じように、憎しみは愛情と同じように大切な感情の一つです。我慢するだけではそこから何も生まれず、むしろ自分の大切な部分を無視しているだけにすぎません。
怒りはその表現の仕方に注意すべきですが、怒りの感情のすべてを我慢したり否定したりすべきではないのです。怒りの重要性はいくら強調してもし過ぎることがないように思われます。怒りを抑えすぎて生きること自体にゆがみが生じる場合も少なくありません。

怒りは生きていく上で重要な生のエネルギーです。
怒りの中には深い悲しみや心の痛みが表現されていることがあります。深い怒りや悲しみは一度でも表現されて自覚されない限り、いつまでも私たちの中に留まり続ける。私たちは自分の怒りの声を本当はもっとよく聞けるようになるべきなのです。

H氏は同僚に対する不満や怒りを抑えて、自分を周囲から遮断することで世の中を生き抜く術を得ていましたが、この方法では何の解決にもなりません。実際に職場のストレスも夫婦関係も悪化するばかりでした。仮想の世界にいる時間が長くなれば、現実世界の彼は自閉的な傾向を持つようになり、しだいにまわりの人たちに何の共感も感情も抱かなくなっていったのです。

音楽の変化は彼自身の変化でもあります。彼にはまだ明確な自覚はありませんが、何かが変わり始めていることを、まるで音楽が予言しているようでした。

## 事例4

# 脳梗塞で入院しているE氏の場合

### すべてが〝正確でなければならない〟

長身で白髪まじりの髭があるE氏（既婚・55歳）は設計技師です。数ヶ月前に脳梗《のうこう》塞《そく》で倒れて以来、左半身に麻痺が残りました。脳神経外科病院に入院してリハビリを続けていましたが睡眠障害があるために、医師から音楽療法の参加を勧められました。

「退院したらすぐ職場に復帰する」

これが彼の口癖でした。毎日リハビリに一生懸命励む姿がみられ、あまり無理をしないように医師から助言を受けたこともありました。

ある日の午後、杖《つえ》をつきながらＥ氏がグループ音楽療法にやってきました。グループは温かく彼を迎えてお互いの自己紹介が終わると即興演奏をすることになりました。

ところが演奏し始めたばかりなのに、Ｅ氏は楽器を弾くのをやめてしまい、真顔で言いました。

「楽器は弾きたくない」

その理由は二つありました。

一つは半身が麻痺しているために、腕の自由がきかないこと。上手に弾く必要はないと分かっていても、以前なら普通にできたことが今ではできない悔しさで、屈辱的な気分になるというのです。

もう一つの理由は、自分の演奏が評価されているのではないかということへの不安感でした。

「この演奏で僕たちの性格や何かを判断しているんじゃないのか？」

「そんなことはありませんが、もし一人で演奏したければ、そうすることもできますよ」

「それなら自分のペースで演奏したい」

E氏は音楽療法士の言葉にすぐに応じて一人で鉄琴の前に立ちました。そして一つ一つの音をゆっくりと、ハ長調の音階を順番に弾き始めました。しばらくすると、となり合う二つの音が重なって弾かれました。すると「チッ」と舌打ちをしてまた最初の音から弾きなおしました。

どうやら〝正確にまちがえずに〟音を出すことこそが彼にとっての音楽のようです。

二オクターブを完全に引き終わると、E氏は満足そうでした。

## 音楽と僕と何の関係があるんだ?

「今日も一人で演奏したい」

次の時間にもE氏はそう言いましたが、今回はグループに参加して一緒に演奏してもらうことになりました。グループのメンバーがそう望んだのです。

E氏は今回も鉄琴を選びました。グループは賑《にぎ》やかに自由な演奏を始めましたが、その横で彼だけが音階を順番に叩いており、途中から有名な童謡のメロディを繰り返し弾いていました。

「音をまちがってしまった」

演奏が終わると、E氏はすぐに童謡の旋律を何度かまちがった自分を責めましたが、

「僕以外の人たちがかなりまとまりのない演奏をしてたから、そっちに気を取られてミスったんだろう」と腕を組みながら呟《つぶや》きました。

音を合わせずに演奏するということはE氏にとってまったく考えられないことです。統一性の欠けた音楽はE氏にとって音楽ではありません。

「あれはまるで未開のジャングルみたいにでき損ないの音楽だ」

E氏はグループの音楽を酷評し、グループはこの発言に反発しました。

「ひどいことを言うなあ。ジャングルの音楽は僕にはかなり面白かったけど。皆さんはどうだった？」

誰もがうなずきますがE氏にはまったく納得がいかない様子。グループは再び演奏を始めることにしましたが、E氏は参加しないと言い張っています。

演奏が始まるとグループの一人がE氏に近づき、

「どうして一緒に演奏しないの？」

と聞きますが、

「こんなメチャクチャにかき鳴らしたような音楽が、僕や僕の病気といったい何の関係があるんだい？」

E氏は逆に聞き返しました。

## 音楽をすれば生き方が変わる

後日、E氏は脳梗塞《のうこうそく》で入院する前、自分が今までどれだけ立派な仕事を成し遂げてきたかをグループに話しました。

設計技師にはきわめて厳密に細部にいたるまで正確に職務を遂行することが要求される。仕事上ではミスを犯さないことがどれほど重要であるか。彼はグループに納得するように語りました。

そのうちにグループの人たちはあることに気づきました。それはE氏が職場の態度を私生活にまで持ち込んでいるのではないかということでした。

仕事のない日も目標や計画にそって、決して休むことなく建設的に生きることを目指してがんじがらめになっているのではないか。

「今までいったいどれだけ結果にこだわる生き方をしてきたの？」

E氏の話を聞いて、グループの人たちは彼に語りかけました。

「だけど、よく頑張ってきたね」

やさしく声をかけられると、E氏の目が急に赤くなっていきました。

会社でも自宅でも強迫的に自分をふるい立たせて、限界になるまで頑張り続けてきたこと。まじめに頑張ればいつか人に認められると思っていたこと。でも本当は人からの評価が怖かったこと。

彼はこの日を境に、自分の生き方を少しずつ振り返るようになりました。

「僕にはまだ頑張りが足りないと思っていた。生き方を問われたのは生まれて初めてだ」

E氏は肩を落としているようでしたが、以前より物腰が柔らかくなっていました。彼は自分の存在感が人からの評価に強く依存していたことに気づいたものの、不安もありました。頑張ることをやめると心の中に罪悪感が生まれる。まるでサボっているような気持ちになって、誰かに叱られる予感がするのです。

でもいったい誰に叱られるのだろうか？

「それはたぶん自分自身なんだろう。思えば僕は小さい頃からそうだった。親は僕をあまり褒めてくれなかった。僕自身、向上心のない友達が嫌いで軽蔑していた」

些細《ささい》なミスが許せない。失敗すると自分を責めて、〝できない人〟と思われないためにさらに追い詰めるように頑張り続けてしまう。行き過ぎた向上心は劣等感の裏返しでもあります。

「でも、どうすれば別の生き方ができるんだろう……」

「そうですね。まずは頑張らない演奏をしてみてはどうでしょう？」

音楽療法士はE氏に言いました。

今までの人生を振り返り新しい生き方を模索する。それは今までの人生の否定ではなく、これまでの自分を認め、頑張ってきたことを褒めてあげること。そして絶対にできないと思っていた即興演奏に参加してみるだけで、身体的ハンディキャップを抱えた今のE氏にとって新しい自分を発見する第一歩となるのです。

E氏は迷いながらもグループの自由演奏に参加しました。

音を探しながら不器用そうに演奏し、

「変な音楽だったけど、解放感があった」

彼は少し興奮気味に苦笑しながら、一緒に喜んでくれているグループにそう伝えていました。

# 音楽はあなたを映し出す鏡

## 音楽は「性格」以上に「内面」を語る

E氏のように音楽をしようとすると、自分の弾いた演奏スタイルから性格判断されてしまうのではないかと不安になる人がいます。暗い響きで演奏すると内向的な性格であるとか、派手に演奏した人は目立ちたがり屋だと考える人もいるようですが、本当にそうでしょうか。

どのような音楽を毎日好んで聞いているかという音楽の嗜好《しこう》と、その人の性格的なものとは、ある程度の関係性があるかもしれません。けれども音楽療法の即興は趣味の問題ではありません。演奏されるものは性格的なもの以上に内面的なものです。

私にはこんな経験があります。ベテラン音楽療法士のところで、自分はぜんぜん悪くないのに悪者にされた小さい頃の出来事を思い出して、私はすごく怒っていました。

その体験を演奏してみることになって、私は木琴を壊すくらいに思いっきり叩きつけるつもりで弾き始めたものの、そこに表現されたものは迫力のまったくない音楽だったのです。

……あれ？　こんなに怒っているのに、どうしてもっと大きな音が出ないんだろう……

私は弾きながら自分の音を聞いてそう思いました。

怒りの気持ちは楽器を叩き壊すほどの勢いがあるのに、実際に弾かれる音は弱々しくたよりない響きです。そして自分の感情をもっと強くぶつけるように努力すればするほど、力が抜けていく自分がいるのです。これは音楽療法で行われる即興演奏の魅力の一つだと思うのですが、すごく怒っている人が、怒ったような音楽を演奏するとは限らないのです。

私が怒りながら演奏した音楽は、どう考えても〝怒り〟ではありませんでした。演奏中に私が感じていたのは違和感でした。なぜ怒れないのか。さっぱり分からないので演奏後に音楽療法士と話し合いました。そしてもう一度、悪者にされたときの自分を振り返ったのです。すると子どもの頃の私が「どうせ怒っても無駄だ」「私の気持ちなんで分かってくれない」とつぶやいているのが聞こえてきて、それが演奏をしていたときの自分に合致していることに気づきました。

私が感じていた感情は怒りでしたが、内面にあったものはむしろ敗北感、惨めさ、孤独感、そしてたくさんの悲しみでした。悲しみは封印されると怒りへと変わっていく。私の心の中は本来、怒りではなくて悲しみでいっぱいだったのです。

音となって表現されるものは、私たち自身も予想することのできない音、心に隠された真実が音になるのです。このような音は他人から評価されたり意味づけられたりするものではないのです。

## 大切なのは自分を語ること

心の真実を音からどのように聴くことができるのでしょうか。

音楽療法で演奏される音楽は完成された音楽作品とはちがって、演奏者同士の遊び感覚から生まれたものです。

その音楽をどう弾いてみようとしたか、実際はどう弾いたか、自分の音や他人の音がどのように聞こえたか、どう感じたかなど、そこには個人差があります。

音楽をどのように体験したかは個々人に由来しているので、演奏した本人自身に音楽体験を語ってもらうことで、音楽療法士は演奏された音楽に共感し、当人自身をもっと理解していこうとします。

音楽は人によって驚くほどちがったかたちで体験されます。同じ音楽からある人は心地よい体験をしますが、全員がそうであるとは限りません。音楽の体験はとても主観的なものであり、その体験がどうであったかは千差万別。グループで音楽を演奏して一体感のある体験だったとしても、全員にとってそうであったかどうかは分かりません。

また、私たちは音を文化や社会的背景、個人的な人生史と関連させて聞いているので、相手に共感するためには語り合いが大切になります。語ることは自分自身をより明確にするものです。

自分の体験を語ること、そして他の人と理解しあうプロセスを積み重ねていくと、だんだんとその人自身が創られていく。人とはちがう自分だけの体験が自分らしさの証明のように感じられるようになっていくのです。

自分の体験を語るのは思ったより大変な仕事です。私たちは普段、心の中でいろいろなことを考えていますが、いざ、口に出して心の思いを表現しようとするとなかなかできないものです。

しかし自分の体で感じられたことはあなた自身のものであり、それを相手に伝えることは、自分を伝えることと同時に、自分を創っていくプロセスでもあります。

体験のすべてが言葉になるとは限りません。

語る作業を続けていくと他人には言えない言葉、語りたくない事柄も見つかっていきます。言いたくないことがあれば、無理に言う必要もないのです。ただ、私たちはそんなとき、どうしてそれが語れないのかについて考えることで、自己理解をさらに深く掘り下げることのできる〝材料〟に出会うわけです。

乳幼児に母親がたくさんの言葉を話しかけることで、子どもが新しい思考の世界へと育っていくことができるように、体験に言葉を当てはめることは、分からなかったことがより明白になることです。それは見えなかったものが見えるようになることであり、この作業を通して私たちはさらに自分を再発見することになるのです。

適切な言葉が見つからないときは音楽療法士と一緒に言葉探しをしますが、言葉探しは自分探し。自分の内面にぴったりな言葉が見つかったとき、その言葉は強く心に残るものです。

音楽療法では言葉を使わずに音楽だけでコミュニケーションをすることが治療の場で

大いに生かされることもありますが、「語って演奏する。また語ってから演奏をテープで聞く。さらに語り合ってまた演奏する」の作業を繰り返すことで、自分への理解度をさらに深めていくことができるのです。

## 本質が見える音楽の聞き方とは

音楽体験の言葉への置き換えは、簡単にできるときもあれば、思った以上に大変な作業になることもあります。

私は音楽療法の勉強を始めた頃、楽譜のない自由即興の演奏スタイルになかなか慣れることができませんでした。特に困ったことは、その演奏について話し合わなければならないことでした。

教室内の楽器を使って、他の学生たちとドンドン、ジャカジャカと演奏をしていると、そこにはなんとも異様で不思議な音楽が生まれます。

そして不可思議な音楽の余韻が残る中で「今の音楽はどうだった?」と感想を聞かれます。私はいつも感想を述べるのに苦労しました。楽器をただポコポコ叩いているだけでは、なんとも答えようがないのが私の正直な気持ちでした。

母国語の日本語でさえも表現しがたい音楽の内的体験を、ドイツ語で伝えなければならないのは困難をきわめました。しかし問題は語学の壁にあるだけではなく、実はそこで弾かれた〝でたらめ弾き〟に最初は何も感じられなかったのです。

即興が自由演奏と分かっていても、楽器をまちがって弾かないようにとか、他人と意図的に調和して弾くといったクラシック音楽の基本的な演奏習慣が根強く身についてしまっていたので、演奏するという行為を別の次元で行うことになかなか慣れることができませんでした。

即興をしながら「まちがわないように」とか「私だけ音が飛び出ないように」と、意識が外面的な演奏行為に気を取られてしまうと、そこで起こっている響きを何も体験できなくなってしまいます。表面的な演奏方法に気を取られずに純粋な音の響きに身を置いてみること、好き嫌いの気持ちや感情を捨てて、音の現象に身を任せること、同時に自分の身体感覚や内面的な体験に耳を傾けること、そういうことが大切であると分かってくるまでに時間がかかりました。

そして何度か即興を重ねていくと、だんだん余計なことを考えず、演奏しているその場に自分がいることに気づくようになってきました。

するとある時期を境に、即興演奏をしているとき、また即興を聞いているときに、いつもある映像のようなものが見えるようになっていました。それは、ときにははっきりとした一つの映像であり、別のときにはぼんやりと一つの大きなポスターを見ているようでもありました。

最初にその映像が目に映ったときのことは今でもよく覚えています。

ある授業での出来事でした。「女の秘密」というテーマで三人の女性が即興をし、私はそれを数人の学生と一緒に聞いていました。

三人はそれぞれ楽器を手にとって弾き始め、私は目を閉じて音楽に没頭するよう試みながら聞いていました。すると三人の人間が輪になって楽しそうに踊り、その輪の地面にブラックホールのような不気味で大きな穴がボコッと空いている映像が突然見えてきました。

私は演奏のあと、すぐにこの映像のことを話しました。

音楽のテーマとその映像は明らかに関連しています。これはとても面白い体験でした。

私はこの日以来、演奏をすると映像が目に浮かぶようになり、即興がとても興味深いものになっていったのです。

## 音楽を語る＝私を語る

音の響きから映像を見るということは「音楽を見る」ことでもあり、別の言い方をすれば「見えないものが見えた」経験だといえます。

見えないものを見るなどという言い方ではなにやら怪しく不可思議な現象のように思われてしまいそうですが、実はドイツの音楽療法士たちのあいだではごく普通のこととして受け止められているのです。患者も音楽からイメージを見る人はたくさんいます。

即興をすれば誰もが何かを見るとは限りません。またそうでなければならないということでもありません。音楽から〝何も感じない〟こともその人自身を語っているのですが、音から見えたものは少なからずその人自身と関係があるということなのです。

音楽療法士と一緒に初めて即興をしたばかりのある男性患者は次のように話し始めました。

患者「こういう演奏は私の手には負えませんよ」

音楽療法士「今の演奏で、自分らしさのようなものを見つけられましたか」
患者「ええ、まあ。だけどあんな演奏は不愉快ですよ。自分の恥をさらしたようなもので、自分らしさなんてものではありません」
療法士「音楽がどうだったか、もう少し詳しく教えてもらえますか」
患者「派手に強調されたりはみ出たりして、どれもまともではない音ですよ。音楽は変に途切れてましたね」
（演奏した音楽をカセットテープから聞いてみる）
患者「でも、なんとなく音楽にはまとまりがありましたね」
療法士「音楽は途切れて、まとまっていた？」
患者「休めない感じだった。誰かが食事をしているんだけど、何を食べているのかぜんぜん自覚してなくて……で、食べてる途中なのに急いで立ち上がって出て行く。そんなひとコマですかね」
療法士「なるほど。何をしているのかが自分でもよく分かっていない感じですね。先ほど自分らしさのようなものが少し見つかったように言われていましたけど、それはどういう感じだったのですか」
患者「新しいことが何も始まらない。同じ演奏がずっと続くような……いつまでも変化のないことを繰り返している。そんな感じです。動いているのに進まない……」

この男性は音楽を語りながら、同時に自分自身や今までの生きざまを描写しています。今まで人生を走り続け、しかしそれは彼の本当に望む方向ではない。自分を変えたいのにそれができない。彼の心の声が本人自身も気づかないうちに言葉になって表現されています。

グループ音楽療法で、ある女性患者とは次のような会話がありました。

療法士「演奏をしてどうでしたか？」
女性「騒々しくて激しくて。私、狂ったように楽しく盛り上がっていたと思います」
療法士「狂ったような盛り上がり。盛り上がりのきっかけはあなたですか？」
女性「そうです、たぶん。私の楽器のリズムが他の人たちも盛り上げた」
療法士「あなたが盛り上げたのですね」
女性「そう。その後、私たち三人で同じリズムを叩いたの。すごく良かった。まるで戦場にいるみたいだったわ」

療法士「なるほど。だけど何か矛盾してませんか」
女性「矛盾はないと思いますけど」
療法士「そうですか。そんなに〝楽しい戦場〟なんて、いったいどんな戦いなんでしょうねえ」
女性「あ、もしかしたら矛盾しているかも……」
療法士「そう思いますか。あの演奏のどこにそんな楽しさがあったのでしょうねえ。なぜそんなに楽しかったんですか？」
女性「（しばらく考えてから）そう、それはたぶん、私が他の人を巻き込んで道連れにできたからだと思います」

音楽療法での会話は一つの道しるべであり、それがその人のすべてを語っているということではありません。

実は最初に行われる患者と治療士との即興演奏は、その患者の本質を最もはっきりと浮き上がらせると言われています。したがって最初の即興で明らかになる事象に患者本人が気づき始めることで、さらに治療の新しい局面を開いていくことにもつながります。

「他人の演奏がうるさすぎて、自分の音がぜんぜん聞こえなかった」

「演奏はゴチャゴチャと混乱していて、幼稚園の頃を思い出した」

即興をしているとよくこういった反応が返ってきます。

こうした感想は〝もつれたもの〟がほどけようとしている前触れです。弾いている本人が音楽に何も感じなくとも、一緒に演奏している音楽療法士やグループのメンバーたちが何かを感じて教えてくれます。さらに音楽を聴きなおすと、弾いていたときとはちがった体験をすることもあります。

人間の心は目で見ることはできませんが、音楽を通して何かがかたちになり始める。それは私たち自身。私たちが音に転換されるのです。

この転換はときに驚くほどに直接的なものです。いったい何がそこで語られているのか、最初ははっきりと分からないこともあります。しかし音はすべて私たちから発せられている。音の羅列は私たちの言葉でもあるのです。音楽を演奏する、音に耳を傾ける、そして語る。これが音楽療法のプロセスそのものなのです。

# 自分と向き合うために必要なこと

## 事例5

### 完璧主義で拒食症のWさんの場合

#### 「クラシック音楽しか弾けません」

拒食症の女性Wさん（22歳）は実家で暮らす大学生。高校時代から拒食症で治療を受けており、最近になって極度に体重が減少したために、両親の勧めで精神科病棟に入院しました。

入院五週目から医師の指示で九十分間のグループ音楽療法に参加していますが、口数が少なく、いつもジッと硬直したように静かに座っています。小奇麗で身なりの良さを感じますが、まったく微笑《ほほえ》まないので周囲には冷たい印象を与えているようでした。

「私、音楽はできます」

音楽療法の最初の時間にWさんはそう言いました。しかし実際にグループで演奏してみると彼女は楽器を弾くことができませんでした。人の真似をしながら手に持った楽器を鳴らしてみるものの、しばらくするとやめてしまう。そして楽器を膝に置いて演奏が終わるのを待っているのです。

「音楽はどうでしたか？」

演奏のあと、音楽療法士は視線を下に向けたままのWさんに質問してみました。

「……あんなでたらめな演奏、私にはできません」

Wさんの声は冷静で落ち着いていました。

「私の家族はみんな立派に楽器が弾けるんです。兄はピアノがすごく上手で、父はチェロが弾けます。母親ともう一人の兄もバイオリンができるし、その兄はトランペットもプロみたいに上手で……私も小さい頃からバイオリンを習っていました」

彼女はバイオリンのレッスンの様子を語ってくれましたが、そのあいだに〝立派な楽器〟〝正しい弾き方〟という言葉が何度も繰り返されました。

「まちがえずに弾くように本格的なレッスンを受けたから、こんな勝手な演奏はできないんです」

グループはこのセリフをその後の時間に何度も聞くことになりました。

「私たちは心理セラピーを受けているのだから、失敗を恐れずにいろいろな楽器でちがった弾き方を試してみたら？」

そう助言した人もいましたが、Wさんは無反応でした。

## 自分の弱さを認めたくない

その後も彼女は演奏にまったく参加できません。Wさんの関心事は体重を増加させることだけが、自分の課題であると考えていて、拒食症になった自分の本当の問題にはまったく触れようとしません。

「悩みはないの？」

そう聞かれるとWさんは朝の食事のカロリーが多かったことについて話し始め

ます。グループからの質問には表情を変えずに模範解答をし、いつも〝頭で考えた答え〟が出てくるのです。心のどこかで感じるあいまいな感覚や、内面的な感情を探っている様子もありません。また、人にマイナスなイメージを与えるような事柄を話そうとしません。

いつも理性的で完璧であろうとするWさん。その姿勢を頑固なまでに変えようとしないので、見かねたグループが、

「その完璧主義が、あなたの病気となんらかの関係があるんじゃない？」と示唆したことがありましたが、Wさんの答えはいつも同じでした。

「私の家族はみんな完璧主義です。兄弟たちはみんなそう育てられて、学校でも良い成績を修《おさ》め、社会でも成功しているんです」

家庭では躾《しつけ》がとても厳しかったそうですが、彼女はそれを否定的には言いません。むしろ自分の家族をとても誇りに思っていると言います。

音楽療法は六週間が経過しましたが、Wさんの様子はいっこうに変わる気配がありません。

相変わらず演奏に参加せず、楽器は持つけれども無表情で椅子に座ったまま、小さく音を鳴らしてすぐに止めてしまっていました。

Ｗさんは退院の前日にも音楽療法に参加しました。この日はＷさん以外にもグループの数人にとって最後の音楽療法であったために、最後に何か新しいことを試そうと言い出した人がいて、グループもその意気込みに賛同していました。

演奏を始める準備をしていたとき、Ｗさんは初めて椅子から静かに離れて小型の鉄琴のところへ歩み寄りました。そして演奏が始まるのを待っています。

演奏が始まってみると音楽はとてもリズミカルなものになって、何人かは太鼓を激しく叩き始めました。そして最後までにぎやかな音楽のまま、演奏が終わりました。Ｗさんはそのあいだ、誰にも聞こえないほど目立たない音でしたが、とても集中した様子で最後まで弾き続けていました。

演奏が終わったあとにグループはとても気持ちの良い音楽だったと語りましたが、Ｗさんは何も言いませんでした。

「鉄琴の演奏はどうでしたか？」

音楽療法士が尋ねてみると、

「良かった……」

少し間を置いてから心細い声でそう答えました。

# 自分に気づくセラピーのしくみ

## 「なぜ?」を自分に問いかけて

楽器をただ自由に無邪気に弾いてみることが、Wさんにとって非常に難しい課題となっていました。彼女にとってはクラシック音楽だけが音楽であり、タンバリンやカスタネットは立派ではない楽器、バイオリンやピアノが立派な楽器なのです。こういう価値観はどこからくるのでしょうか。彼女はいつも立派でなければならず、そうでない自分は許されません。正しい弾き方のない即興演奏も、彼女にとってはまったく異質なものです。

即興では〝正しい—まちがい〟の区別がないだけではなく、音楽がどのように展開するかが誰にも分からない未知との遭遇の連続です。先の予測ができない演奏をすることは、音と戯れて遊んでみることです。それは大人を子どもの世界に連れもどすことでもあります。

そんな即興演奏を拒否することは、子ども時代にもどることの拒否でもあるでしょう。私にはWさんの遊び心の喪失が、彼女の心の問題のように思えるのです。

音楽療法で即興をしようとすると、Wさんのように正しく楽器を弾こうとする人、有名な曲を披露しようとする人、さらに音楽作品を創作しようとする人がいます。個人療法の場合、そうした要求に応えることもあります。しかし音楽療法では芸術的な演奏やテクニックは要求していません。ここでは音楽の演奏を上手にできるように練習しているのではなく、また正確に、美的に演奏することが目的なのでもなく、ただ楽器を子どものような気持ちで遊ぶように鳴らしてみることだけなのです。だからそうだと分かると誰もが気楽に楽器の演奏を始めることができるのですが、なかにはWさんのように、子どもにもどったような気持ちで楽器を弾いてみることがとても難しい人もいるのです。

けれども、即興がうまくいかないということは、別の見方をすれば自分自身を知ることのできる大きなチャンスが目の前にあるということでもあります。

「なぜ、私は即興ができないのか」

「なぜ、私の音だけがグループの音と不調和なのか」

「なぜ、私はいつも小さな楽器を選ぶのか」

〝なぜ？〟は自分に気づく第一歩。私たちは自分自身にいろいろなことを問いかけることで、初めて答えを見つけることができます。答えはすぐに見つかることはないかもしれませんが、自分が自分に問いかけることをしなければ何も始まりません。

Wさんはこの「なぜ？」を自分に問いかけることをしませんでした。なぜ即興に参加できないのか、なぜ子どもにもどることを拒否しているのか、なぜ自分が精神科に入院しているのか、なぜ拒食症であるのか。彼女は自分に何も問いかけず、自分自身に最後まで向き合おうとはしなかったのです。

## 他人のアドバイスだけでは自分を変えられない

さらに、Wさんは自分の本来持っている感情や欲求には目を向けませんでした。自分自身が本当はどう感じているのか、何を求めているのか、そんな体の内側で実感される感覚や感情が阻害されていて、理性的な思考だけが彼女を支配しているようでした。心の真実を知るためには、当人自身の気づきが大切です。

他人から言われて気づくことと、自分自身で気づくことでは体験の重みがちがいます。自分の気づきが大きければ大きいほど、体が強く反応して、私たち自身の体や心に変化を及ぼすものです。この繰り返しの中で自分を知り、自分らしさが少しずつ積み重なっていく。だから心理セラピーでは気づきのプロセスを大切にしているのです。

このときのWさんには、そうした気づきに必要な自分への注意力が、まだ欠けている状態でした。


ところで、心理セラピーとは何でしょうか。

心理セラピーとは別の言葉で〝心理療法〟や〝精神療法〟のことで、どれも心の病を治すという目的を持っているのですが、〝治す〟といっても、ここでは病気の症状を〝直接的に〟扱っているのではありません。

一般医なら「うつ病はドーパミンやセロトニンの分泌に異常があるために……」とか「拒食症は電解質の異常から不整脈が起こって……」など、症状の原因を体の〝異常〟という観点から説明するかもしれません。けれども心理セラピストは「病気になってあなたはどう変わりましたか？」と逆に聞き返してくるかもしれません。内科や外科のような医師とはちがう方向から病気や身体症状を見つめているのです。

カウンセラーから問題を解決するための方法や助言をもらうアドバイス的なやり方も参考にはなりますが、他人から受け取った情報では、人はなかなか内面から変わることができないものです。

〝病気を治す〟ことはもちろん〝治療〟の第一の目標ではありますが、心理療法では生き方の〝核心〟へ踏み込んでいくこと、現在の症状を作りだしていると考えられる〝もと〟(たとえば幼児期の体験や過去のトラウマなど)を探り出すことに取り組んでいるのです。そのためにも、セラピーを受ける私たち自身が〝受け身の患者〟でいるわけにはいかない点が重要です。

一般に私たちは医者から〝診察される〟立場にいます。診察する医師は私たちの病気を〝治してくれる人〟であり、診察される私たちは病気を〝治してもらう人〟です。

しかし自分の心と向き合っていく人が受動的な気持ちであるわけにはいきません。ときには思い出したくない過去を振り返り、今ある問題や悩みを見つめて、今後どのように生きていきたいか。それは当人自身が決めるべきことなので、クライアントは治療者に癒される受け身の存在ではなく、自分自身が自己と向かいあう主体でなければならないわけです。

## セラピーは〝気づき〟に耳を傾けるプロセス

心理療法にはセラピーを受ける人の能動的な心構えがとても大切なのですが、実はセラピストも患者の主体性が発揮されるような〝空間づくり〟に協力しなければなりません。

もしセラピストが患者に対して「治してやる」とか「助けてやる」といった気持ちでいると、そこにはまるで「教師―生徒」のような上下関係が生まれますが、そうすると下の立場になる患者は萎縮《いしゅく》してしまい、本音を言えずに仮面をかぶることになってしまうのです。

セラピーの最初に患者が緊張していることはよくありますが、心理的に上下関係のはっきりした状況がいつまでも続くと、本当の意味での心の治療は不可能になるでしょう。セラピーには患者が〝子どもにもどる〟あるいは〝秘密を話す〟ことのできる心の自由な空間や、自分で自分を感じることのできる心の余裕が必要なのです。

治療をする人の「患者を助けたい」という思いは人間として当たり前のものですが、もしそれが必要以上に強いものであれば、患者に不必要な依存心や威圧感を呼び起こし、セラピーにマイナスな影響を及ぼします。

私が最初に自分で音楽療法を体験したとき、ベテラン音楽療法士の態度にひどく違和感を覚えましたが、それは私が〝治療される人〟として心理的に受動的な態度でいたからでした。最初は怠慢な人に見えた音楽療法士でしたが、彼は私が〝私らしくいられる空間〟を作ろうとしていたのです。セラピストと患者の関係は、一般内科などの医師と患者の関係とはちがうのです。

本音や本心を言っても大丈夫だと思える空間、自分を素直に出せる空間、セラピーは〝自分らしさ〟を取りもどす時間です。そのためには、患者にとってセラピーの場が安心して守られた空間だと感じられる必要があるのです。けれどもそうなるまでには時間がかかることがあります。

その点、音楽療法の即興演奏では、患者と治療士の関係がまだそれほど安定していなくても、楽器を弾くだけで、不思議なほど音が演奏者の心の状態を明らかにしてくれます。また音楽を弾いたり聞いたりすることで、心の中にいろいろな感情や感覚をもたらします。

音楽をすれば私たちは自然と自分にもどっていくのです。

音の響きの中に何を感じたのか、どんな自分が見えたのか。療法士と一緒にそうした気づきに耳を傾けていくことが、音楽療法のプロセスなのです。

# 2
# 音楽で「自分らしさ」を取りもどす

# 心の病と音楽のかたち

## 事例6

## 私は精神病なの？　デイケアに通う女子大生Eさんの場合

### 人の気配がない響き

日常生活の中で私たちは自分を他人の立場に置き換えて相手の気持ちを察したり同情したりしています。理解しあえることへの信頼があるわけです。けれどもそういう〝当たり前〟が通用しないこともあります。

歴史を専攻する小柄な大学生Eさん（女性　23歳）は、数年前から精神科で治療を受けています。大学に入学するまで一緒に暮らしていた母親が統合失調症で長期入院したために、Eさん自身も同じ病気になるのではないかと不安を抱いていました。一人暮らしになると睡眠障害と引きこもりの傾向が強くなっていきました。

Eさんは医師から音楽療法を勧められて、同じ精神科センターの三人の患者とグループ音楽療法に参加しています。セッションは週一回で四五分間。彼らは音楽療法室に来ると丸く並べた椅子に静かに座っています。会話が少ないので、音楽療法士のイニシアティブが必要です。

音楽療法士「Eさん、最近はいかがですか？」

Eさん「まあまあです。早く大学にもどりたいです」

Eさんの声にはあまり力が感じられませんが、他の患者よりも発音が明瞭で抑揚のある言葉が返ってきます。彼女の夢は大学を卒業して就職すること。しかし今は休学しています。

「今日も即興をしてみましょう」

音楽療法士の言葉に返事をする人はいませんが、この日は二〇回目のセッションなので、誰もが分かっていることのようにゆっくりと椅子から立ち上がって楽器を選んでいました。Eさんは特に時間をかけて楽器を探す人でした。

グループの音楽はとても静かで幻想的な響きがします。誰一人として目立った音を出す人はいませんが、音楽療法士はいつもどこかに妙な違和感を覚えるのです。

青い空と美しい海を連想させる穏やかな音色。でもそこには誰もいない。人の存在がまったく感じられない音楽。演奏していると自分の存在すらだんだんと希薄に思われてくる音楽なのです。音楽療法士はまるで知らない国へと迷い込んだような不安を覚えます。

精神病者のグループでは、〝美しい響きの調和〟と〝人間の不在感〟が融合した不可思議な音楽が、特徴的なほどよく演奏されます。

## 〝感情〟のある響き

Eさんに初めて会ったときは元気な様子でしたが、副作用が少ないはずの新しい抗うつ剤を服用し始めると、急に顔色が黒ずんで老けこむようになりました。毎回のように身体のだるさや集中力の欠如を訴えて、会うたびにやつれて快活さが失われていくようでした。

二〇回目のセッションは、薬の副作用の話題から始まりました。誰もが薬でつらい経験をしているようでしたが、彼らの語り口は平坦です。ポツリポツリと無表情に自分のことを話すだけで他人の言葉にはあまり口を挟まないので、患者同士の交流がありません。けれども彼らが演奏をすると驚くほどみごとに一つの音の世界を作り上げるのです。

誰が何を弾いているかが分からないほど融合された音の世界。ところがこの日、グループの音楽に変化がありました。

演奏を始めると、Eさんはそれまで弾いていた小型のハープを床に置いてから太鼓へ移り、一定のリズムをゆっくりと叩き始めました。このリズムによってグループの演奏は葬送行進曲のような音楽になり、感情を強く押し殺した息苦しさと暗い静けさに満たされました。

精神病グループの人たちはこの音楽について特に語ろうとはしませんでしたが、音楽療法士はいつもとちがう〝感情のある響き〟が気になっていました。

次の週、Eさんの顔色はさらに悪くなっていました。

「大学で勉強したい。だけど集中力が続かないから本が読めないし、しゃべるのも辛くて。友達とどう付き合えばいいのかも分からない」

うつむくEさんに声をかける人はいません。

「それでは、皆さんで〝将来の夢〟というテーマを演奏してみませんか？」

音楽療法士の提案にグループは黙ってうなずきました。

音楽の動きはいつもより抑えられて、音楽療法士の脳裏には月夜の風景が見えていました。

## 健康と病気のはざまで

闇夜に浮かぶ眩《まぶ》しいほどの月明かり。人々はこれから寝るところ。あるいはもう寝てしまっているのか。しばらくして誰かが家のドアを叩く。突然の音で眠りから覚めるがすぐにあたりが静かになる。再び眠ろうと目を閉じるとまた〝ドンドン〟と音がする。しだいにその音がEさんの持つビーズ玉の入った太鼓（揺らすと波のような音が出る）であることに気づく。音は何かを言いかけているようだが、あきらめたように闇の中へもどっていった……。

Eさんはその後も薬の副作用による体調の不安定さを何度も訴えるようになりました。母親と一緒に暮らしたい気持ちを持ちながら、大学に復学する話はしだいに少なくなり、代わりに「自分もいつか病人になってしまう」と悲観的な言葉が増えていきました。

以前からEさんは、演奏のあいだに弾いている楽器を何度も変更する人でしたが、ある日、彼女は演奏中に中国の大きな銅鑼《ドラ》のそばへ行き、バチで三回叩きました。銅鑼を叩いたのはそのときが初めてでした。その響きは力強いといえるほどではありませんでしたが、音の存在がはっきりと示されたものでした。

「銅鑼を叩いていたら、自分の中に何かエネルギーのようなものを感じました」

Eさんはそう述べましたが、彼女の音はそのとき以降、どの楽器を弾いてもグループの中で目立つようになりました。その音の存在感は演奏するたびに大きくなり、二週間後にはグループ全体の音楽を変えるほどの影響力を持つようになりました。

グループの音楽を初めて変えたときの演奏はこうでした。グループの演奏はいつものように穏やかな響きで始まりましたが、音は少しずつダイナミックさを増していきました。Ｅさんの太鼓がきっかけとなってグループ全体の音量が大きくなり、音楽はまるで風船が破裂しそうになるほど膨らんでは落ち着きを取りもどし、しばらくするとまた拡大される。音の動きが何度も上昇と下降を繰り返し、今までの静かに波打つ幻想的な音楽とはまったく異なるものになったのです。

これは精神病患者の集まるグループではまず聞かれることのない激しく動的な演奏スタイルでした。

この即興のあと、音楽療法士は彼女を神経症患者が多く集まるグループに参加させたいと思うようになりました。Ｅさんは精神病グループに属していましたが、彼女の音楽だけはこのグループの音楽とは質のちがう響きがあったからです。しかしＥさんはその後数ヶ月以上も薬の強い副作用で不調が続き、それは実現できませんでした。

# 精神病と音楽療法

## 神経症患者と精神病患者の音楽にはちがいがある

心の病にはいろいろなかたちがあります。そのためにグループ音楽療法を〝神経症グループ〟と〝精神病グループ〟に分けることがありますが、神経症と精神病のちがいは何なのでしょうか。

一般に神経症の人は身体症状を自覚していて、自分の気持ちや悩みを話すことができます。人と言葉で理解しあう共通の言語感覚や現実感を持っているのです。しかし、精神病の人にはそういった〝共通の感覚〟にズレを感じることがあります。

Eさんのグループにいた一人の女性患者Mさんとの会話です。

療法士「Mさん、今日の演奏はどうでしたか?」

Mさん「良かった。明日、病院に行くんだ」

療法士「そうですか、予約があるのですね。ところで今日、初めて太鼓を使いましたね」

Mさん「はい。明日、薬をもらうんです」

会話がコミュニケーションとして成り立っていないのです。

意味不明な独り言をつぶやく、いない人の声が聞こえると言う、脈絡もなく一人で笑う。何を考えているのか、どんな気持ちでいるのかを察することができません。まるで住んでいる世界がちがうかのようです。精神病の人とは意思の疎通がなかなかはかりにくいのです。

Eさんがいたのは精神病グループでしたが、第一部で紹介した事例はどれも神経症グループのものでした。

神経症グループでは精神病グループよりも患者同士のコミュニケーションが活発です。話しながら泣いたり怒ったり、お互いのことを批判したり褒めたりします。音楽療法士がいなくてもセラピーの時間が充分に満ち足りた話し合いの場になるくらいです。

この二つのグループは雰囲気がちがうのですが、音楽にもちがいが現れます。精神病グループの音楽には静寂で心地よい一体感のある響きがあり、音の躍動は控えめで瞑想的です。一方、神経症グループの音楽はまとまりがありません。にぎやかに〝ガチャガチャ〟と混乱しつつお互いを刺激しながら接点を探し、接点が合うと一体感が生まれて音楽は一気に盛り上がります。

二つの音楽のちがいを別の言葉でいえば、神経症の音楽では抑圧された心の言葉が音となって噴出してくるようであり、逆に精神病の場合は最初から言いたい言葉などなく、自分の存在や個を主張せずにむしろ何かを消滅させてしまっているかのようです。

私たちは普段あまり自分の存在そのものに疑問を持つことはありませんが、私は精神病グループにいるといつも自分を〝不確かなもの〟に感じました。〝自分がここにいる〟ということすらあやふやに思えてくる。精神病の人はもしかするとこうした自分の不在感を心の中に持ち続けているのかもしれません。

言葉がうまく通じあわない人を理解するのは難しいことです。患者のことをもっとよく知りたくても相手はなかなか自分を語ることができません。話せたとしても私たちが日常使っている言葉とはちがう意味を含んでいることもあるのです。

私は今まで音楽を演奏すること以外にも〝言葉で語る〟ことが音楽療法をする上で重要であることを書いてきました。しかし、精神病のようにあまりしゃべれない人はどうすればいいのでしょうか。言葉が信頼できないとき、私たちはどうやって人間関係を築くことができるのでしょうか。

## 〃見守られている〃という感覚

即興をするとき、私たちは〃その場とその時間〃を他人と共有していますが、この〃一緒にいる体験〃が精神病者にとって大切な意味を持つと言ったのは、統合失調症患者の音楽に詳しいドイツの音楽療法士マルティン・ドイターでした。一つの体験を〃共有する〃ところから少しずつ〃交流する〃ことの可能性が開かれていくと考えているのです。

歩き始めたばかりの子どもは母親のそばをなかなか離れませんが、場に慣れると一人で歩き始めて周囲を探検し、不安になるとすぐに母親のもとにもどってくる。しばらくするとまた母親から離れていく。乳幼児は母親と〃一体〃になっているところから、少しずつ自分の存在を個別化していく。

〃見守ってくれる人がいる〃という実感が自分を作る土台になるのです。

音楽療法士は患者の言葉が不自由でも音で交流しようと試みます。音楽はときに言葉よりも多くを語ります。一緒に楽器を弾きながら患者の音をよく聞いて小さな変化に答えていると、患者は他人の音を身近に感じ始める。自分の音ではない音がいつも自分に寄り添っているのが分かる。その実感が心に残ると、自分の中に別の存在がいることを受け入れていくようになります。どんな自分（音）であっても見守ってくれる存在がいると感じられる体験は、私たちの大きな力になっていくのです。

さらに音楽にはたくさんの〝自分〟がいます。演奏している自分、演奏する自分を見ている自分、演奏していた自分、演奏された音楽を聞く自分、音楽について語る自分。音楽は人と出会い、自分と出会える場所でもあるのです。

しかし、精神病患者に出会いを強制することはできません。他人と接すること自体に強い恐怖を感じる人もいるからです。

精神病グループで私はときどき空虚感に襲われることがあります。それは不思議な感覚です。〝空虚〟という言葉には〝空っぽで寂しい〟イメージがありますが、精神病の音楽の空虚感にはなんともいえない一体感と心地よさを感じるのです。

たとえば音楽のライヴコンサートで一体感を感じたことがありませんか。会場が一つになったように盛り上がると感動や興奮を味わうことができます。しかし、精神病グループの音楽には人の存在感が感じられません。楽しさや喜びを誰とも共有できないのです。

そこは閉ざされた世界なのですが、でもその世界は神聖な感じすらあります。彼らの音楽を体験するにつれてその世界は〝手をつけてはいけないもの〟〝残しておくべきもの〟という気さえしてくるのです。

彼らの世界は内側に閉じていますが、音楽療法士にできることはその世界を大切にしながら寄り添うこと。出会いを強制することなく、〝誰かが近くにいる感覚〟や〝治療士がいつもそばにいる実感〟を、音楽の中で感じてもらえるようになるのを待つこと。患者が自分から気づいて歩みだすのを待つしかないのです。

# 高齢者の悩みや不安を解き放つ

## 事例7 話せないけど歌うアルツハイマーのTさんの場合

### 施設でずっと叫び続ける

アルツハイマー型認知症のTさん（女性、88歳）は老人ホームで生活をしていました。時間や場所の感覚はありませんが身体は丈夫で元気に動きまわることができました。話すことはもうほとんど無理で、その代わりに甲高《かんだか》く悲痛な声で「ああああ！」と叫ぶことが頻繁にありました。悲鳴のような叫び声が長いあいだ続くので施設の人たちには耐えがたく、他の高齢者から暴力を振るわれることもありました。こうした状況を改善するために音楽療法士が呼ばれました。

音楽療法士が初めてＴさんの部屋に入ったとき、Ｔさんはもう二十分近く叫び続けたあとでした。まわりの人たちがＴさんを叱りつけたので部屋にこもっているところでした。

音楽療法士がドアを開けると、Ｔさんは寂しそうにうつむいたまま長椅子に腰掛けていました。そして少し怖がっているようでした。

「こんにちは、Ｔさん。なんだか悲しそうですね」

音楽療法士は微笑みながらＴさんの前に座り、彼女の目を見ながら話しかけました。そしてそっと手に触れてみました。するとＴさんは療法士の手を握りしめてから顔をゆがめてまた叫び始めました。

音楽療法士はＴさんと一緒に叫ぶように歌ってみました。Ｔさんの声よりも少しだけ低く、そしてＴさんの手をさすりながら、

「ひどいよ！」

と、叱られていたＴさんの気持ちを代弁するような気持ちで言い加えてみました。

するとTさんはすぐに叫ぶのをやめて、音楽療法士の手にしがみつくように握りしめ、

「カッコウ……」

と小さな声で思いを込めたように鳴きました。

## 歌が言葉の代わりになる

音楽療法士はTさんの鳴き声に答えて、カッコウの唄を歌いました。

「♪カッコー、カッコー、森が呼んでいる♪」

それを聞いてTさんが初めて微笑みました。少し緊張がほぐれたのか、音楽療法士の手にしがみつくのをやめました。

「♪歌おう、踊ろう、飛び跳ねよう、春はもうすぐやってくる♪」

音楽療法士はカッコウの唄の一番目の歌詞を歌い、同時に持参した小さな太鼓を叩きました。

Tさんの顔が音楽療法士の唄をじっと聞いているうちに輝き、それからゆっくりと立ち上がって部屋の窓を開けました。外をジッと見つめています。音楽療法士

も同じように窓際に歩み寄って、

「もうすぐ春ですね」

と声をかけ、今度は「♪冬よ、さようなら……」の唄を歌いました。

Tさんも小さくハミングをしてリズムを取るように上半身を揺らしました。そして大きくため息をついて満足そうに笑いながら、また長椅子にもどりました。

「気分が良くなったみたいで嬉しいです」

音楽療法士が話しかけると
「う〜ん……」

深く息をつくようにTさんが答えました。

「上手に歌いましたよね」

「うん、歌った」

「歌って、それから一緒に音楽を演奏しましたね」

音楽療法士が繰り返すとTさんは黙ってうなずき、椅子にもたれて目を閉じました。共感的な雰囲気の中でTさんはすっかりリラックスした様子で、その日の午後は一度も叫ぶことはありませんでした。

## 事例8 失ったものを取りもどす認知症のFさんの場合

### 昔はもっと上手に歌えたのに

総合病院の高齢者専用病棟にいるFさん（女性、82歳）は妄想性のある老人性認知症です。認知機能が低下しているために、自分がどこにいるのか分からなくなることがありました。「私は九十歳を超えた」と言ったり昔のことがまったく思い出せないこともありましたが控えめで行儀が良く、手を貸した人には丁寧にお礼をする人でした。

Fさんは歌うことが大好きで、若い頃にはギターを弾いたそうです。個人音楽療法を受けることになったとき、Fさんは音楽療法士に対して素直でオープンでした。しかし三ヵ月たつと、自分の居場所が分からなくなって徘徊《はいかい》するようになったために、音楽療法士が楽器を持ってFさんの部屋を訪れることになりました。

音楽療法士「こんにちは。また一緒に音楽をしませんか？」（Fさんに笑いかけながら隣に座る）

Fさん「……昔はよくギターを弾いたもんだわ」

療法士「ギターはいい楽器ですね」

Fさん「弾き方、もう忘れちゃったねぇ」

療法士「そうですか。それは残念です」

Fさん「うん。それにコーラス。昔はよく歌ったもんだよ。すごくいい声を出せたんだけどねぇ」

療法士「みんなで歌うのは楽しいですよね。どんな曲を歌ったんですか？」

Fさん「何だったかねえ。でも今、歌うんだったら一人がいい」

療法士「他の人と一緒に歌いたくないんですか？」

Fさん「うん。だけど今朝ね、楽器を弾いてみたのよ。小さな音でね」

療法士「楽器を弾いたんですか？　Fさんの一番好きな楽器って何ですか？」

Fさん「太鼓。太鼓が一番楽しいでしょう？」

療法士「私、今ここに太鼓を持ってきているんです。ちょっと叩いてみませんか？」

音楽療法士が小さな太鼓と二本のバチをわたすと、Ｆさんは太鼓と一本のバチを受け取りました。そして慎重に小さな音で叩き始めました。途中からもう一本のバチで音楽療法士もＦさんのリズムを真似しながら一緒に演奏に参加してみました。

Ｆさんのリズムを維持しながらだんだんと強く音を叩いてみると、Ｆさんも一緒になって強く叩き始めました。音楽療法士はリズムにも変化をつけてみました。するとと太鼓のリズムが交互に会話をしているようなかたちになり、すると突然Ｆさんの頬《ほほ》に涙が伝わりました。

Ｆさん「……昔はいつもみんなと一緒に音楽をしたもんでねぇ」
療法士「懐かしいでしょうね（Ｆさんの手を握りしめる）」
Ｆさん「あんたに歌をうたってあげたいよ。でも歌詞をさっぱり忘れちゃって…」
療法士「どんな歌でしょう？」
Ｆさん「（歌い始める）♪南の丘をはるばると、郵便馬車がやってくる♪　……ああ、歌詞が出てこないよ。やっぱりダメねぇ。私はもうぜんぜん役立たずなの」

療法士「……」（Fさんの手をさする）

Fさん「あんたはやさしい人だわよ。孫娘に似てるかしら」

療法士「お孫さんがいらっしゃるんですね。Fさんによく会いに来るのですか？」

Fさん「そうそう。家族がいるってのはありがたいね」

Fさんは音楽療法士に笑いかけました。音楽療法士はFさんともう一度最初のフレーズだけを歌いました。

歌い終わったFさんは
「さてと、ちょっとみんなの様子を見に行ってみようかね」

そう言いながら立ち上がって部屋を出て行きました。

## 自分の声を取りもどす

Fさんはこのあとの時間にも何度となく「昔はできたのに、今はできない」「昔はこうだったのに、今はちがう」と語りました。そのたびに涙を流して「私は泣き虫だね」と自分を責めるように言うのです。

「もう昔のようには歌えない。それが悲しい……」

音楽療法士はFさんの手を握りしめました。そして気持ちが落ち着いてから声をかけました。

「楽器を弾いてみませんか？」

歌うとすぐに昔を思い出すFさんも、楽器を弾いているときは〝今〟という時間を楽しんでいて、音楽療法士との〝共演〟に驚くほどの満足感と歓びの気持ちに浸ることができるのです。

「楽しいねえ」

太鼓を叩きながらFさんがつぶやきました。演奏することは、気持ちを前向きにするようでした。


しばらくするとFさんは子どもの頃に母親を亡くしたこと、そして夫を病気で、さらに二人の子どもを事故で亡くしていたことを音楽療法士に話して聞かせました。

Fさんにとって失ったものは美しい声だけではなかったのです。

「この歳になってもまだ私なんかの話を聞いてくれる人と出会えて嬉しいよ」

ゆっくりと語り合いながら二人で楽器演奏を続けているうちに、Fさんは大好きだった曲を少しずつ思い出すようになりました。

——

「下手だけど……あんたなら聞いてくれるかしらね」
彼女はそう言いながら自分から歌って聞かせてくれるようになりました。

# 高齢者と音楽療法

## 話を聞いてくれてありがとう

音楽にはたくさんの可能性が秘められています。そして音楽療法はいろいろなところで実践されています。生まれたばかりの乳幼児に歌を聞かせ、寝たきりの高齢者の枕元でギターを弾きます。

「高齢者にセラピー？」

不思議に思われた人がいるかもしれませんが、誰にとっても心の不安や悩みを分かち合う場が求められていると思うのです。高齢者の人たちが前向きに生きて自分に満足できる日々を過ごせるように、音楽で心のケアをすることもできるのです。

「話を聞いてくれる人がいる」

「誰かがそばに居てくれる」

「分かってもらえた」

その心からの実感は私たちを強くしていくものです。そしてその気持ちが前に進もうとする力になっていくものです。

「もう歳だから遅すぎる」

そんなことはありません。音楽は言葉に代わるコミュニケーション。音楽をすれば誰にでも自分と出会えるチャンスがあるし、他人と出会えることもできるし、人生を変えていくこともできるのです。

高齢者との音楽療法の場合、いくつかの点で配慮が必要になります。まずはセラピーが負担とならないようにすること。身体状態や症状には個人差があります。五分で集中力がなくなる人もいるので時間配分などを臨機応変に、音楽療法士が楽器を持って患者を訪れたり、場合によっては毎日会いに行くこともあります。

高齢者とのコミュニケーションには現実的に難しい問題があります。たとえば同じことを繰り返し話す。本人は初めて言うつもりですが、つい先ほどの言動をもう忘れてしまう。愚痴ばかりこぼす。耳が遠い。相手の言葉が聞き取れない。口がまわらない。

身体的な理由でコミュニケーションが成立しにくいのです。心理的な理由もあるでしよう。自分について話すことに羞恥心《しゅうちしん》を持つ。〝自分は社会のお荷物〟といった思い込みが口を重くしていることもあるようです。

「どうせ私なんか……」

「みんなの迷惑になるだけだから、早くお迎えがきてほしい……」

孤独は高齢者の心の大きなテーマです。孤独感から逃れるために話を聞いてくれる人の機嫌を取る。必要以上に遠慮して人に迎合する。これでは自分を押し殺してばかりです。

高齢者には良い会話が求められています。

〝良い会話〟は必ずしも楽しい話題である必要はないと思います。心が通いあうことが大切です。言葉でコミュニケーションができなければ音楽があります。音楽療法では楽器を一緒に弾くことは〝単なる演奏〟ではありません。ただの気分転換や適度な運動でもない。

それは人と人との出会いであり、自分は孤独ではないと思える時間を持つことなのです。

## 高齢者と療法士との〝かかわり〟

音楽で心の触れあいを深める。ところが高齢者の場合、音楽をすることがそれほど簡単ではないことがあります。

「○○さん、音楽をしませんか?」

そう語りかけると、この言葉に複雑な反応をする年配の方がいます。人によっては〝生徒〟にされたような気分になったり、若い音楽療法士の言いなりになりたくない気持ちを生じさせてしまうのです。〝従う〟ことを無自覚的に強制してしまい、高齢者の自尊心を知らないあいだに傷つけてしまえば、人間関係を複雑にしてしまいます。さらに楽器を選ぶとき、

「どれでもいいよ」

世話を受けるのに慣れている高齢者はよくそう言いますが、その言葉通りにスタッフのほうで〝選んであげる〟ことをしてしまうと、何ごとも他人任せにしてしまう傾向をさらに助長し、本来自分でできるはずのこともできなくさせている可能性があります。

スタッフにとっては、人生経験を多く積んでいる年配の患者に心から共感するのがと

きに難しく、高齢者にとっては〝わが子〟や〝孫〟のような年齢の介護士や療法士を〝本物の家族〟と誤認するケースもあります。

〝セラピー〟という時間枠を超えて、治療士が〝患者の家族〟のような役割を担ってしまうと、親近感が強すぎたりして、心のケアをするために治療士が持つべき客観性が保ちにくくなります。

〝客観〟といっても感情的に冷《さ》めたように患者と接するという意味ではなく、それは心理セラピーに必要な心の距離のことなのです。治療士は相手の感情に取り込まれないように、また感情移入しすぎないようにしながら、高齢者の心が本当に求めるものを見つめていかなければなりません。

孤独な心は複雑です。不自由になっていく身体への不安と強くなる依頼心、自立心と依存心のまじりあう心など、高齢者を対象とする音楽療法の需要が増える中で、若年や中年層の患者とは質の異なる〝触れあい〟が求められていると思います。

# トラウマを持つ子どもたちを癒す

## 事例9 闘犬による児童殺傷を目撃した子どもの場合

### 友だちが目の前で殺される

二〇〇〇年五月、ハンブルグの小学校で六歳の男子生徒が闘犬に襲われて死亡する事件がありました。この事件はドイツ全国で大きく報道されて、その後再発を防ぐために闘犬に口輪を義務づける法律が定められました。

事件当日、二匹の闘犬が口輪をつけずに飼い主と散歩に出ていました。小学校の校庭付近に来ると急に一匹が飼い主の手を離れて校庭の柵《さく》を越え、男子B君（一年生）の頭に噛みつきました。B君は即死でした。犬は別の子どもにも襲いかかりましたが、偶然近くを巡回していた警察官にすぐ射殺されました。

学校は休み時間だったので多くの生徒が現場を目撃してパニック状態になり、身体の不調を訴える子が続出しました。事件から数日たっても〝学校に行きたくない〟〝突発的に暴力を振るう〟〝落ち着きがない〟〝眠れない〟〝悪い夢を見る〟〝一人で外出できない〟などの様子が報告されました。

事件から二ヵ月後、音楽療法士がこの小学校を訪れました。男子B君が在籍していたクラスで自己紹介をしてから闘犬のことを話すと、すぐに何人かの子どもたちの顔がこわばるように引きつりました。

音楽療法士は子どもの心の傷を癒すために、週一回のセッションをすることに決めました。

心のケアが必要だと思われるのは女子四人と男子三人。これから一年間の予定で男子と女子の二つのグループ療法が始まります。グループを二つに分けた理由は、トラウマを処理する心のメカニズムが男子と女子とではちがうからです。

音楽療法士は大きく明るい教室に楽器を並べ、たくさんのクッション、画用紙やクレヨンも用意しました。

男子グループ

## 加害者の真似をする

三人の男子は最初の時間にまず楽器を弾きましたが、相手の音をかき消そうとして大音響の騒ぎとなりました。子どもたちは興奮気味です。音楽を終えるとクッションを持ち出してボートを作り、今度は〝ピラニアごっこ〟を始めます。音楽療法士はピラニア役になってシンバルを鳴らし、逃げまわる子どもを追いかけました。子どもたちは声を上げながら少し嬉しそうに逃げまわっています。

事件のことはなかなか話題になりません。その代わりに大音響の演奏とピラニア遊びが二ヵ月間も続きました。

あるとき、男子Ｇ君が遊びながら闘犬のようなしぐさで友だちに噛みつきました。音楽療法士はＧ君の口に手を当てて〝口輪〟をはめようとしましたが、噛み砕くようにして振り切られました。ここには闘犬が勝って人間が負ける状況が再現されています。

子どもが闘犬のことを語ったのはその数週間後のことでした。彼らが覚えているのは血にまみれたB君の顔と警察官の撃った銃弾音。話しながら三人はジッと校庭を見つめていました。

それ以来、事件に関連したことが音楽演奏やクッション遊びの中に出てくるようになりました。

男子A君は事件直後に犬の真似をして友だちを怖がらせて喜ぶ様子が報告されていた子どもでした。A君は音楽療法の時間にも何度かG君に襲いかかっています。男子A「みんなを殺してやる！　Bは死んだんだ……」

そうつぶやくのです。

男子グループは友だちが殺された事実を悲しむよりも、恐怖体験に打ち勝つために自分が加害者になろうとする傾向がありました。負けないためには（殺されないために）勝つしかないのです。しかし自分の攻撃によって相手が傷つくことになるかもしれないことも知っていました。

「闘犬よりも神様に怒られるのが怖い」

Ｇ君が音楽療法士に言った言葉です。

自分が勝つということは、同時に相手を傷つける（殺す）ことでもある。人を傷つけるのは悪いことだと子どもは分かっています。悪いことをすれば神様に罰せられる。だから勝ちたい欲求と罰《ばち》があたるかもしれない不安を同時に抱え込んでいるのです。

音楽療法士は子どもの様子を見て、プロコフィエフの音楽劇『ピーターと狼』を演じてみることにしました。

この物語の最後で悪い狼は銃で撃たれそうになりますが、殺されずに動物園へ連れて行かれます。〝狼（男子）は殺されずに動物園に行く〟という象徴的な遊びをすることで、攻撃衝動をコントロールするように試みるのです。

この音楽劇は成功しました。

劇を繰り返すうちに少しずつ子どもの攻撃性が収まっていったのです。

## 本当は守ってもらいたい

しばらくしてＧ君が引っ越しのために転校することになり、グループにまた感情の不安定さが目立つようになりました。友だちが一人いなくなるということは再び友だちを失うこと。音楽療法士にとってこれは予測していなかった事態でした。

子どもたちはまだ自分の気持ちを語ることができません。自分の不安を言葉で語る代わりに相手に暴力を振るう。グループを去るG君に対して、男の子たちはわけの分からないイライラを発散するだけで精いっぱいでした。この事態を懸念して新しいメンバーを一人グループに加えると、子どもは落ち着きを取りもどしました。

発散するだけの傾向にあった男の子たちも、治療が終わる頃には別の欲求傾向を表現するようになっていました。

クッションのほら穴にもぐりこんで赤ん坊に変身する。ほら穴はまるで母親の胎内。これは退行欲求です。

退行は心の防衛機能の一つです。強いストレス状態になると〝赤ちゃん返り〟をして問題から逃れようとするのですが、これは守ってもらいたい欲求でもあります。何から守ってもらいたいのか。

その声を聞くことが心理的治療の第一歩です。

治療が始まって一年。今、ようやく心の傷を癒すためのスタート地点にいます。

このグループの治療は予定の一年間を過ぎたあとも続けられることになりました。

女子グループ

## 安全な場所に引きこもる

四人の女の子たちは〝原因不明の腹痛を訴える〟〝笑わない〟〝闘犬の絵を描く〟などの様子が観察されていました。

音楽療法が始まると、四人はクッションを持ち出して〝家づくり〟に専念しています。クッションをいくつも積み重ねて、その中で〝料理ごっこ〟をするのです。

二時間目には楽器を演奏してみますが、グループで一緒に演奏するよりも一人で弾くことを好み、一人ずつ順番に弾いてはカセットに録音してみんなで聞きなおすことを繰り返していました。

クッションの家で料理を作ってから順番に演奏するセッションが何ヵ月も続きましたが、その間に闘犬の話題は一切出てきません。

攻撃性や恐怖体験を発散していた男の子とちがい、女の子は普通の日常生活を淡々とこなしています。彼女たちはまるで事件のことなどすっかり忘れてしまっているかのようです。

しかし、彼女たちは事件を忘れたわけではありません。思い出さないようにしているのです。

女の子は〝安全な場所〟と〝安全ではない場所〟を心の中で明確に分けていました。恐ろしい経験を思い出すと耐えられないくらいの不安でいっぱいになる。だからいやなことは思い出さない。早く忘れて安全な場所にいる。それが彼女たちにとって最良の選択なのです。

しかしそれでは不安を避けることはできても、彼女たちの世界が広がることはありません。

## 助けなかった大人が許せない

しばらくすると女の子に変化がありました。

音楽療法室からクラスルームへの移動中に少しだけ闘犬のことを口にしたのです。事件についてはっきりと語られたのは、それから数週間後のことでした。

彼女たちが事件現場で見たものは友だちが犬に噛まれたところ、飼い主が助けを求めて教員室へ駆け込んだところ、しかし誰も助けにこなかったことでした。

彼女たちは教師に対して強い怒りを感じていました。

先生はなぜ生徒を助けなかったのか？

大人なのになぜ何もできなかったのか？

事件によって信頼していた大人たちの無能ぶりを目《ま》の辺《あた》りにしたのです。

失望感と不信感。これが女の子にとって大きな心の傷となっていました。音楽療法士は以前から女の子とのあいだに心理的距離を感じていたのですが、その理由が分かってきました。

事件のことを話すようになると、彼女たちは殺された少年に対する悲しみを表現するようになっていきました。

クッションを使って交通事故で死んだ犠牲者を埋葬する儀式をしています。

「お葬式の唄を歌いたい」

女の子たちの要望に応えて、音楽療法士は思いついたバッハのコラールを歌いました。その曲は偶然にも男子B君の埋葬で歌われたものでした。

半年が過ぎる頃、女の子たちは夢について話すようになりました。Dちゃんが見た夢には音楽療法士が出てきていました。しかも二十匹の犬を連れた悪い飼い主として登場していたのです。

Dちゃんは夢が「とっても怖かった」と語りましたが、この夢の中ではまだ何も怖い出来事が起こっておらず、誰も殺されていませんでした。

夢の中で飼い主として登場した音楽療法士は、ただ犬を連れているだけでしたが、Dちゃんにとっては〝悪い飼い主〟でした。もしこの飼い主が犬の首ひもから手を離すと、二十四の犬は一斉にDちゃんに襲いかかってくるかもしれない。そんな予感をさせる夢だったのです。

実際の事件でも、もしも大人が闘犬を放さなければ、B君は犠牲にならず、Dちゃんは恐ろしい現場を目撃することはなかったのです。

音楽療法士は夢の話を聞いて、この夢の内容をセラピーに生かそうと考えました。

「二十四の犬は絶対に手放さないよ」

音楽療法士はDちゃんにそう言いました。

Dちゃんの心の中にある「大人＝悪者」のイメージを払拭《ふっしょく》するために、〝クッションを犬に見立てて、その犬たちを段ボールで作った檻《おり》にもどす〟という芝居を、Dちゃんと一緒に演じることにしたのです。ここではDちゃんの見た夢に〝続編〟を作り、幸せな結末で終わらせるようにするのが狙いです。そうすることで心の中にある悪い大人のイメージを、少しでもプラスの方向へ変えていくことができるからです。

こうした試行錯誤を続けて一年後、女の子たちは事件の恐怖や不安な気持ちを話せるようになりました。さらに犬を怖がらなくなり、校庭で遊べるようになるまで回復しました。

# 教育と療法のはざまで

## 事例10 多すぎる愛情の弊害に苦しむダウン症のRさんの場合

### 一人では何もできない

女の子らしいしぐさをみせる髪の短いダウン症のRさんは19歳。うまく話せず軽い知的障害がありました。身長は低いけれど体格が良くて体を動かすことが大好き。養護学校で四年前から音楽療法を受けています。

Rさんにはいくつか気になることがありました。Rさんの教室と音楽療法室は三〇メートルほどしか離れていないのに、「一人はいや！」と音楽療法士を迎えに来させることです。Rさんの態度はまるで小さな子どもみたいで、他の同級生と比べても幼さが目立ちました。

それから「あなたが一番好き！」と言いながら、音楽療法士に抱きついてくることです。普段の彼女は自分勝手な振る舞いが目にあまるくらいでしたが、音楽療法士が不機嫌になると急に甘えてくる。Rさんに抱きしめられるたびに、音楽療法士は〝大好き〟の言葉とは裏腹に息苦しい気持ちになるのでした。

そしてRさんは楽器を弾きたがりませんでした。彼女の音は今にも消えてしまいそうなほど小さくて弱々しいのです。でもピアノを弾くときだけは例外でした。

「私はピアノの先生！」

Rさんはそう言いながら背筋を伸ばして右手でメロディを弾きます。音楽療法士が伴奏部分を引き受けるかたちで連弾をするのですが、そうすると、か弱いRさんの音とはまるでちがう響きがしていました。

音楽療法でのRさんはいつも主導権を握りたがります。歌曲集から曲を選んで音楽療法士に歌わせるのです。

「Rさん、その曲は先週も歌ったから今日は別の曲にしない？」

「だめっ！」

音楽療法士の意見はすぐに却下されるので、同じ曲を八回歌うこともあるのです。

Rさんが持参する子ども用賛美歌のカセットテープの一曲だけを何回も繰り返して聞く日もありました。Rさんの態度があまりに強引なので、

「私はあなたの小間使いじゃないよ」

と言ってみますが、そうするとRさんは音楽療法士を抱きしめるのです。それからしばらくのあいだは従順になりますが、すぐにまたもとにもどるのでした。

## 過剰な愛は束縛になる

Rさんのクラス担任も同じことを経験していました。Rさんはクラスで目立たない生徒でしたが、課題を与えると頑固に拒否する〝問題児〟だったのです。でも先生に叱られると「先生が一番好き」と態度を変えるのでした。

音楽療法士はRさんが抱きついてくるときの圧迫感が、彼女自身の感覚なのではないかと考えていました。Rさんは音楽療法士を服従させようとしますが、同

じことをRさんの両親がRさんにしていたからです。

Rさんの持ち物はどれも普通は彼女よりも低い年齢の子どもが持っているもので、母親が買い与えているのでした。母親は世話好きな人でしたが、Rさんのことをいつまでも〝子ども〟のように扱っているのです。Rさんは母親に反抗できません。さらに驚愕《びっくり》することが起きました。両親がRさんに不妊手術を受けさせたのでした。Rさんは手術後にその事実を知らされました。

Rさんはいつか結婚するのが夢でした。女性らしい長い髪やスカートを欲しがり、彼女の姉が出産をすると結婚のことを何度も話題にしていましたが、手術はその矢先の出来事でした。

「私も赤ちゃんが欲しかった…」

Rさんはもう子どもを産むことのできない体になったことを自覚していました。

「あなたのためなのよ。大好きなRちゃん!」

母親はそう言ったそうです。

「私は障害者だからしょうがないの……」

Rさんの目には涙が溜まっていました。

## ありのままの自分を好きになるために

Rさんは両親から守られるように生活していますが、彼女の意思はあまり尊重されていないようでした。

一人では何もできない無力な子どものように育てられていて、Rさん自身も自分のことをそう認識しているのです。親に服従するしかないRさんにとって、自己を主張する方法は拒否することだけです。

自分に自信のないRさんはピアノの先生に〝変身〟しなければ音を出すこともできません。障害のある自分は一人では何もできず、健康な人の姿に変身しなければ自信を得ることができないのです。

他人の姿を借りずにありのままの自分を愛せるようになるにはどうすればいいのか。障害があっても自分に自信が持てるようになるにはどうしたらいいのでしょうか。

音楽療法士はRさんの歌曲集にレパートリーを増やしました。それからRさんがどの曲を選ぶかに注目し、その歌が〝今日の彼女〟だと考えました。

「今日の歌には〝涙をこらえて〟っていう歌詞があるけど、Rさんもそういう気分?」

「……うん、〇〇ちゃんと喧嘩したの」

好きな曲の歌詞にはその人自身の気持ちが反映されていることがあります。

Rさんは自分で曲を選びますが、その歌詞には彼女の気持ちがよく代弁されていました。そのことにRさん自身が気づくと、昔のことや身のまわりの出来事を話そうと努力するようになり、選んだ曲を音楽療法士に歌わせずに自分で歌うようになっていきました。


「カノンが弾いてみたい」

ある日、Rさんが言いました。カノンは一つのメロディを繰り返して追いかける音楽形式です。

Rさんが一人でメロディを弾き始めて、その後に音楽療法士が同じメロディを追いかけます。それはRさんにとって〝一人で弾く〟ことへの初めての挑戦でした。

ピアノに向かって童謡のメロディを一人で弾き始めると、途中で何度も演奏が止まりました。しかし何とか最後まで弾き終えると、やり遂げたような表情で笑っていました。

数ヵ月後、音楽療法室に新しい楽器が加わりました。トランペットです。Rさんにとっては初めて見る楽器ですが、すぐ手に取って音を出そうとしていました。

それから一ヵ月間、音楽療法の時間はトランペットの時間になりました。彼女はまだ一音しか吹けません。その一音もなかなか出せません。でも自分から練習を続けています。手がしびれても口が疲れても音が出るまで努力する。もう〝何もできない子ども〟の姿ではありませんでした。音が鳴ると、それはまさにRさん自身の音。彼女は自分の気に入った音が出るたびに満足そうな笑顔を音楽療法士に向けました。彼女は一歩一歩、自分の力で自分の望むものに近づこうとしているのです。

# 子どもと音楽療法

## 子どもは悩みを語れない

子どもとの心理セラピーが難しい理由の一つに、子ども自身がなぜセラピーを受けているのかが分かっていないことを挙げることができます。

子どもは病気や障害に対する認識がほとんどありません。自分のことを話すこともなかなかできません。

「ママ、おなかが痛いよ」

幼稚園に行きたくないとき、子どもはよくそう言います。

子どもの声によく耳を傾けなければ、子どもの悩みや不安に気づくことはできません。

自分の気持ちをうまく表現できない子どもに向かって、

「仮病じゃないの？」

と一方的に叱りつけては、おなかが痛いと自分なりに表現している子どもの気持ちを踏みにじっているかもしれません。子どもの表現方法は大人とはちがうのです。

また、治療士と仲良くなりすぎてしまう点も大人とちがいます。子どもはすぐにスキンシップを求めてきます。気心が知れると音楽療法士の膝に乗ろうとしたり、手を握ったり抱きついたりしてきますが、大人の患者でこういうことは絶対に起こりません。

そして子どもは言葉よりも体を動かすことが大好きです。だからセラピーでは遊びをたくさん取り入れます。

子どもの遊びはただの遊びではありません。遊びには現実と同じような実感が伴っている。子どもにとって遊びの世界は一つの現実であり、生活のすべてです。だから私たちは遊びから子どもの世界を見ることができます。

遊んでいる様子を観察していると、子どもはそこで自分の夢や欲求を発展させています。心に抱いていることを遊びに投影させているのです。

遊びから子どもの心を垣間《かいま》見るために、療法士は子どもに付き合い、そこで繰り広げられる世界にそっと入り込んでみます。

クレヨンで描かれた人物や動物たちの物語を一緒に体験する。そこで交わされている会話やストーリーに注目する。すると遊びの中で展開されるストーリーに、子どもの日常生活や人間関係が反映されているのが分かるはずです。遊びには子どもの内面世界が表現されるので、そこから子どもの抱える心理的問題を見ていくことができるのです。

## 遊びから子どもの心が見える

小学二年生の女の子はタンバリンを叩きながら部屋中を走りまわって動物に変身します。

療法士「今のは何の動物だったの？」
子ども「怒ったライオンだよ」
療法士「そんなふうに怒る人がいるの？」
子ども「お父さん」
療法士「お父さん、怖い？」
子ども「ときどき。でもお母さんのほうがもっと怖い。顔がこうなるんだもん」

その子は顔をシワクチャにしました。それから「なぜお母さんが怒るのかが分からない」と不安そうに言います。お母さんの怖い顔が心理的重圧になっているようでした。

この重みが負担になりすぎると、いつしか子どもは母親の顔色を見ながら生きていくようになるかもしれません。

幼稚園に通う五歳の女の子は一〇秒と座っていることができませんでした。「見て！」と言ってボールを投げると、またすぐに「見て！」と言って今度は椅子の上に登り始めます。たくさん話しかけてきますが話題がコロコロと変わり、療法士の質問にはほとんど答えてくれません。

まったく落ち着きがないので、療法士はこの子どもに〝しつけ〟をしたくなります。せめて三〇秒間だけでも、療法士のほうに顔を向けていてほしいと思うのです。

療法士はまず自分の気持ちを落ち着かせました。それからこの女の子を自由に思うがまま遊ばせてみることにしました。すると彼女は療法士の足を蹴ったり、カバンを隠したりと相手にいじわるをしながら笑っています。〝人を見下したい〟彼女の心が少しずつ見えてくるのですが、さらに時間がたつと、

「私のお兄ちゃんは大きくてカッコいいよ」

「弟は小さくて可愛いの」と語り始めます。そして、

「ママは私が嫌いなの」という言葉が出たとき、彼女は療法士と向かいあって話をする

ようになっていました。

この女の子の場合、自分は愛されていないのかもしれない不安を言葉で表現できたとき、衝動的な態度が少しずつ改善され始めました。これは落ち着きのない子どもの原因が両親にあるということでは決してありません。わけの分からない感情が言葉になると、子どもの気持ちは収まっていく。本当は決して認めたくないことを言葉にすると、人は変わり始めるということです。そしてこれこそがセラピー（音楽療法）の目標でもあるのです。

## 教育とセラピーのちがい

治療士は遊びながら子どもの心を見つめます。子どもとのセラピーには大人の患者とはちがうアプローチが必要で、場合によっては忍耐力や特別な工夫が求められますが、遊びは子どもを知るための一つの手段です。自由に遊ばせることで、子どもの素の姿が見え始めます。

先ほど書いた落ち着きのない五歳児をセラピーする場合、療法士は二つの選択を迫られました。教育的にしつけるのか、それともセラピーをするのかという問題です。

セラピーと教育のちがいはどこにあるのでしょうか。

「〝待つこと〟が苦手であれば、あなたは音楽療法士よりも音楽教師になったほうがいいでしょう」

私の先生の言葉です。

これは音楽療法と音楽教育の本質的なちがいを言い表した言葉だと思います。教育者は〝導く人〟であり、セラピストは〝待つ人〟なのです。


できないことをできるようにさせる。これは教育者の仕事です。セラピーの目標も最終的には同じです。しかし教育とセラピーとでは、そこへたどり着くまでのプロセスがちがいます。相手を変化させていく教育者と、相手が変化するのを待つセラピストの態度では、その心構えに雲泥《うんでい》の差があるのです。

セラピーをしながら患者がどのように変わっていくのか、それは治療士にも患者自身にも分かりません。療法士との関係が良くなったり悪くなったりすることもあります。

「先週は改善がみられたのに、今週はまた以前と同じように、落ち着きのない態度にもどっている」

セラピーでは一歩進んで二歩下ることがよく起こりますが、〝下る〟ことは悪いことでも失敗でもありません。そうした繰り返しの中で、セラピーを受ける人は他人のどのような言葉、どのような態度に不快感を覚えるのかなど、自分の行動パターンや思考パターンに気づき、心の内側で今、どんな感情が湧き起こっているのかを意識できるようになってくるのです。

心理セラピーは時間を必要とする心のトレーニングともいえるでしょう。セラピストは教える人でも癒す人でもありません。患者の気持ちに寄り添い続ける人です。音楽療法士にとってもそれは同じで、音楽療法は気の長い仕事であり、待つことが欠かせない能力になってくるのです。

# 3
# 音と心のスペシャリスト　音楽療法士の仕事

# 心の理論を学ぶ

## 心の「ふた」はどのように開けるのか

「音楽によって人は自分の意識に変化を感じます。それはまるで癒しの魔法みたいです。けれど、魔法は外見を変えることができても、中身を変えることはなかなかできません。王子様が魔法で蛙の姿に変わっても人格はそのままです。音楽療法とは音楽の魔法で人を変えることではありません。それは患者と治療士の地道な共同作業であり、一歩一歩ゆっくり進む厳しい道のりなのです」

私の恩師ローゼマリー・テュプカーは音楽療法についてこう語っています。

人は誰でも心に風景を持っている。それはその人を支える大切な心の礎《いしずえ》になる一方で、暴力や反社会的行為にとって代わるエネルギーになってしまうこともある。

理由の分からないイライラ、死にたい気分、同じ失敗を繰り返す、自虐と加害行為などは〝心の風景〟から発動されると考えられています。

そんな心の構図を解き明かそうとしたのが精神分析です。フロイトの試みは現代の心理セラピーの始まりでした。

音楽療法は精神分析と同じではありませんが、その手法を応用した一つの心理療法です。

無意識は私たちの思考や行動に強い影響を及ぼしているのに、普段はプロテクターがかかっているので、その内容はなかなか自覚されません。しかし音楽はその防壁を楽に越えるようです。

精神分析の手法はドイツ語で「aufdeckend」と形容されます。これは「なべのふたやカバーなどを取り外す」という意味ですが、ここでは普段閉じている「心のふたを開ける」という意味です。

精神分析が誕生するまでの経歴をたどってみると、心のふたを開くためにフロイトはいろいろなことを試行錯誤したようです。

彼の最初の方法は催眠術でした。まず患者をソファに寝かせてから睡眠状態へと誘導する。そして意識のない患者に語りかけます。たとえば高所恐怖症の人に「もう高いところは怖くない」と暗示をかければ不安が解消される。患者は催眠中に言われたことを覚えておらず、まったく自覚のないまま暗示を受け入れます。

ここで一つ注目しておきたいことは、患者の心が意識のないまま〝ある方向〟に動かされているという点です。

〝弱さから強さに〟〝嫌いから好きに〟〝出来ないから出来るに〟変化させる。つまりこれはマインド・コントロールと同じで、気づかないあいだに自身が変化している状態を作り上げています。患者は自分の弱さを自覚する必要がなく、それどころか都合の悪いことは思い出そうとせず、過去の苦い記憶や感情を認めようとしません。フロイトはそんな患者の態度を観察していました。

## 「カタルシス」では解決しない

催眠術は成功を収めますが、症状が再発するケースや催眠効果のないケースもありました。

もし催眠術がベストな方法であればフロイトは最後まで患者に暗示をかけていたはず

ですが、実際はそうではありませんでした。

彼は別の方法を試しました。患者はソファで横になりますが、今度は意識があります。

「覚えているはずですよ。思い出してごらんなさい！」

フロイトは患者の額に軽く手を当てながら過去を思い出させようとしました。患者は「何も覚えていない！」と抵抗しますが、そのうちに何かを思い出す。でも恥ずかしいので言わない。それでも患者に語らせる。すると患者の表情はしだいに和らいでくる。

フロイトは患者の過去に興味を持ちました。身体症状の起因は幼児期に起きた耐えがたい体験にあるのではないか。そのときに満たされなかった欲求が今も胸につかえているのではないか。滞っている思いを〝排出〟すれば癒される（カタルシス）のではないか。そう考えたのです。

そこでフロイトはこのカタルシスの効果を治療に使うのですが、あまりうまくいきません。確かに〝はきだす〟と心が軽くなったり洗われたように感じます。しかしそれは一時的なもの。ストレスや怒りを解き放すだけではなく、その感情がどこから来たのかを自覚しない限り、人はまた同じことを繰り返すのです。

心の鬱憤《うっぷん》を表出するだけでは心がスッキリするどころか、逆に必要以上の怒りや悲しみが噴出する。マイナス感情を抑えられないくらいに爆発させてしまう可能性があるのです。

――心に溜まっているストレスの原因を本人が意識しなければ、根本的な解決にはならない。

そこでフロイトはさらに心の治療に適した方法を考えました。次は自由連想法です。治療者は患者の視界に入らない場所にいて、患者はソファの上でリラックスしながら自由に語る。過去のことでなくても構わない。頭の中に浮かんできたことをすべて口にすればいい。治療者もときどき患者に語りかけますが、催眠術やカタルシス法のときのような主導権を持つことはありません。

この方法の目的は患者を強くすることでも一時的なカタルシスでもない。心の問題の核心をあえて話す必要もない。ただ頭に浮かんでくる言葉を口にすればいい。どうでもいいことを話すだけでいい。言葉の破片の一つ一つが無意識につながる情報として治療者に拾われる。そうするとだんだんと患者の過去が明らかになる。

フロイトはピースをはめるジグソーパズルのように、患者が連想する一つ一つの言葉から〝心の原風景〟を見つけようとしたのです。

## 音楽は心の防壁を超える

フロイトは自由連想法のあとにさらなる発見をします。

それは患者が目の前にいる治療者に別の人を重ね合わせるということです。誰を重ね合わせているのでしょうか。それは患者の身近にいる重要な人物。特に幼少期の頃の患者に強い影響を与えた人です。

たとえば父親を内心憎んでいる人は、男性の治療者に対してわけもなく反抗的になることがあります。この場合、患者は治療者に父の面影を重ねているのです。なぜそんなことが起こるのか。満たされなかったものを無意識に解決したいと思っているからです。

私たちは普段、自分のことを当然〝自分〟であるように感じていますが、一度、自分の心の動きに注目してみると、不思議なことに気がつきます。

今ある自分の感情が目の前にいる人とのあいだに生まれたものではなく、実は昔の思い出に由来していることや、相手が自分に向けてきた感情をまるで自分のもののように受け入れてしまっていることがあるのです。

そういったことが起こるとき、心の中に多少の〝もつれ〟が生じている可能性があります。もつれを自覚すると、私たちは自分が無意識に囚《とら》われた不自由な存在であったことに気がつくのです。

囚われから自由になるためには、自分の感情がどこから来ているのかを知る必要があり、そのために治療士の存在が役にたつのです。

フロイトは患者と治療者のあいだに起こる気持ちの変化をたどれば〝もつれた部分〟が見えてきて、それが心のふたを開くきっかけとなる現象を、心の治療の大切な〝道具〟として初めて用いた人だったのです。

音楽療法でも患者が重要人物を音楽療法士に重ねてみることがありますが、心のもつれは患者の心の深い傷になっていることがあるので、この部分に触れられると患者は辛くなります。閉じているものを開けようとするときには痛みが伴う。だからこの作業をテュプカーは〝地道で厳しい道のり〟と表現したのです。


自分を知ることはとても難しい。しかし音楽はそれを助けてくれます。

子どものように無邪気に楽器と遊ぶだけで、もつれを解くヒントや心の原風景の断片がすぐに表現されます。

音楽を通して出会うものは自分自身。楽器を手にして、自由に演奏して、その音楽を聞いて、音楽の体験を語って、また新しい楽器で演奏してみる。自分と向き合おうとする気持ちがあれば、そんな一連の作業の中で私たちはいつの間にか、今までまったく気づかなかった自分を発見しているのです。

# 心の声を聞く耳を育てる

## 音楽療法士に求められる能力とは

音楽療法士は音と心のスペシャリストです。

心と音楽の理論を学んでそれを実践に生かす力を養っています。音楽療法はメソッドに従った治療形態。メソッドとはある事を行うための順番や方法のことですが、〝マニュアル〟のようなものではありません。

心はマニュアルのようには動きません。

精神分析は〝心のふた〟を開ける方法を示してはくれましたが、心は一つの理論によってすべてが解明されるようなものではありません。しかし心は〝見えない〟からこそ、治療士にとっては〝見る〟ための理論が必要です。私は理論を一つのヒントだと考えています。

音楽も〝心のふた〟を開けるきっかけを作ってくれます。音の羅列は私たちの言葉であり心の声です。音楽に耳を傾ければ自分と出会うことができます。

ところでこの〝音楽〟は、一般社会で考えられている音楽とは少しちがうということをもう一度知っておく必要があるかもしれません。

音が雑多にまじりあう即興演奏を想像してみてください。

それがどれほど騒々しく〝非音楽的〟であるか。コンサートホールで聞く音楽とどれほどちがうものであるか。音楽というよりまるで〝雑音〟です。でもそれは単なる雑音ではありません。即興では混沌の中で何かが〝かたち〟になり始めて、無秩序に交錯する音たちが急に〝音楽〟となる瞬間があるのです。

雑音が〝音楽〟になるとき、そこには対話が生まれています。音楽療法の即興は〝心の対話〟です。ここで大切なことは演奏者が〝心を開く〟こと。未知な音の世界を探求する耳を持つことなのです。

「ピアノが弾けないと音楽療法士にはなれませんか？」

そんな質問を受けたことがあります。音楽療法士に求められている能力とは何でしょうか？

たとえば、同じメロディやリズムを繰り返す人がいます。高音部のみで演奏をする人や短調ばかり演奏する人もいます。画一的な音楽があまり長く続くと、変えてみたいと思うことがあります。そのためには音楽療法士の高度な演奏能力が必要でしょう。

楽器の習得も音楽療法士にとっては欠かせないものかもしれません。しかしながら本当に求められる音楽療法士の能力はピアノやギターを上手に弾きこなす技術ではなく、音楽を通して相手の〝心に触れる〟かかわり合いができるかどうかということなのです。

## 聞くことは心を開くこと

かつて私は無調の現代音楽を聞いてイメージを文章で書く練習をしたことがあります。グループで取り組んでいましたが、無調音楽を今まで聞いたことのなかった友人は一言も書くことができませんでした。

音楽療法の即興は〝無調音楽〟に似ています。日ごろから調性音楽に慣れていると、調のない音楽が気持ちの悪い音楽に聞こえてくる。不規則で異質な音をどう聞いていいのかが分からないのです。その点、音楽に素人な患者のほうが即興音楽にはあまり抵抗や偏見がなく〝聞き取る〟コツをすぐにつかめるようです。

即興は一つのコミュニケーションです。コミュニケーションのあるところには必ず相手を理解しようとする気持ちがあるはずです。

人の話を聞きながら別のことを考えていることがありませんか。音楽療法でも同じことが起こります。

演奏しながら他人の音が聞こえなくなるのです。もし聞くことよりも弾くことに集中してしまうと、相手との音のつながりよりも自分の世界に没頭して、それはある意味で〝ひとりよがりの音楽〟になっているはずです。

音楽療法士でもいつの間にか自分の演奏に夢中になっている瞬間があります。そのときは「なぜ我を忘れるほど夢中になったのか」を考えなければなりません。なぜなら音楽療法士自身の無意識が音楽で呼び覚まされた可能性があるからです。無意識に引きずられると、よく聞くことができずに治療もうまくいきません。

よく聞くためには自分にとって〝異質〟だと感じるものも受け入れる勇気がいる。私はいつもそう感じています。

誰でも耳の痛い話は聞きたくないし、知りたくないことや考えたくないことがある。それが自覚されていないと耳は自然とふさがれます。

けれどもセラピストがそうであるわけにはいきません。さらに相手に共感しているだけの〝イエスマン〟であるわけにもいきません。

相手をよく聞くという行為はただ音を耳に入れているのではなく、心を開いている状態だと思うのです。聞くことはとても能動的な行為です。自分から相手を知ろう、聞こうとしなければ何も聞き取ることができません。

## 療法士は自分を知る必要がある

しかし、聞くことはときに話すことよりも難しいようです。泣いている人につられてしまうと、それは相手の問題を自分にすり替えてしまっています。

私たちは誰でも自分のことで精いっぱいだと人の話を聞く余裕がなくなるものです。そうならないためには自分自身をよく知っている必要があるのです。

自分の心に横たわる不安や欲求を知れば知るほど、私たちは周囲から無意識に影響を受けることは少なくなる。そのために治療士は〝スーパービジョン〟や〝自己体験〟を受けて、自分を分析するのです。

〝自己体験〟とは、治療士が患者の立場になって音楽療法を経験すること。〝スーパービジョン〟はスーパーバイザーと呼ばれる指導者の助けを借りて、一人では解決できない治療ケースを話し合う場です。これらはセラピストにとって必要不可欠な訓練の一つです。精神分析医も精神分析のテクニックを身につけるために自己を分析しますが、音楽療法士の訓練もこれと同じ意図を含んでいます。

患者と自分とのあいだで揺れる心を見つめる専門的な目、感情に流されずに観察する姿勢。心理セラピストに必要なのは〝訓練された主観性〟であり、〝心の耳〟を養うには聞き手本人が自分の心の動きに敏感でいることが大切なのです。

音楽療法士が自分で音楽療法を体験すると、そこで自己理解が深まるだけでなく、患者を受け止めるのに必要な自分への信頼と、音楽療法が〝治療〟としての役目を果たすことができるという確信を育てます。

音楽が持つ表出の力がどれだけ心の問題と密接であるか、音楽療法がどれほど心のケアに適した治療方法であるかが分かってくるのです。

音楽療法によって今まで気づかなかった自分を発見するその最後の事例を、ここに紹介したいと思います。

疲労感のただよう痩せた女性（30歳代後半）はアルコール依存症で精神科に入院してい

ました。彼女は小さい頃からリコーダーが好きで、いつも小学校の教室で楽しく吹いていたそうです。ところがある日、

「下手くそー!」

教室の向こうからクラスメートが叫んだのを聞いて、すぐに楽器をカバンに隠しました。それ以来、彼女はリコーダーを二度と手にしませんでした。

音楽療法室のリコーダーを見て、彼女は昔の苦い思い出をグループに話しました。淡々とした様子でしたが、いつまでもリコーダーの存在が気になる様子。

療法士「リコーダーが気になりますか?」

女性「別に……何の感情もないけど……」

彼女は何ごとにも無関心で趣味もありませんでした。好きという感情が信用できず、いつの頃からか「楽しい」と思う気持ちをすぐにシャットアウトしてしまう。日常生活でいやなことがあると、趣味や娯楽でストレスを発散できずにアルコールを飲む。そんな態度でこれまでの人生をずっと生きていました。

リコーダーを吹いていたあの日、友だちが彼女のことを笑いました。バカにされて傷つき、彼女はこの出来事をリコーダーのせいにしましたが、あの日以来、好きなことを楽しむのが怖くなっているのです。

「リコーダーを吹いてみたい……」

あの日のことを振り返ったあと、彼女は何十年も無視していた楽器を手に取りました。グループが見守る中、彼女は一人で椅子から立ち上がり、楽器をゆっくりと口元へ持っていく。部屋にリコーダーの透明な音色が響くと、すぐに彼女の目からたくさんの涙がこぼれてきました。

ずっと昔の小さな出来事によって受けた心の傷の深さ。リコーダーが大好きだったのにそれをずっと否定していたこと。好きなものを捨ててきた代償がアルコールであったこと。彼女の涙はなかなか止まりません。

「体の中で氷が溶けていくみたい……」

忘れかけていた昔の出来事が何年も何十年もたった今でもなお、私たちの生き方に影響を与えている。なかなか信じられないことかもしれません。しかし心の傷は意識されないままだといつまでもその後の人生に影を落とし続けることになりかねません。

心理セラピーは病気を治すためだけにあるのではなく、自分の人生を自分の手にもどすこと。今の自分は過去の自分の延長線上にある。どれだけ失敗をしても欠点があったとしても、等身大の自分を受け入れる。完璧ではない自分を好きになることで私たちは自信が持てるようになるし、周囲に流されない自分の人生を歩めるのではないでしょうか。答えは自分にある。音楽療法士は音楽を使って、隠れた自分に気づく、その手伝いをしているだけなのです。

# そしていま、音楽療法が必要とされている——

## 僕はいったいどうしたのか?

近年、日本では「一五人に一人の割合で生涯に一度はうつ病を経験する」といわれるようになり、うつ病またはうつ状態になる人たちが増えているようです。私のまわりでも、こうした情報を耳にすることがたびたび起きています。

「実は僕、うつ病なんです」

最近になって、何人もの友人や知人がそう告げてくるようになりました。この人もウツ? あの人もウツ? と、身近でたくさんの人がうつ病になっているのが信じられないほどです。

「今の日本はいったいどうなってしまったの?」

うつ病という言葉が、まるで流行語のように軽く使われすぎているような印象すら受けます。けれども「自分はうつだ」とか「精神科に通院している」と告白する人たちの現状は深刻です。

私の友人(男性38歳、既婚)は大企業に勤めるエンジニアですが、ここ数年は、今までに経験したことのない絶望感に悩んでいました。五年ほど前から視力が落ちたように感じ、いつも体に残る倦怠感が気になっていました。あるときから、朝が起きられなくなりました。体を引きずりながらも会社に到着しますが、何をすべきなのか分からなくなることがあり、人の顔を見るのもいやでした。衝動的に泣きたいような気分になるのですが、なぜなのか。理由を考えても分かりません。会社でも自宅でもなるべく話さなくてすむように人を避けていて、自室に閉じこもって一人でいるときだけが、少しホッとできる瞬間でした。

僕はいったいどうしたのか？

言葉では表現できない重い苦しみの感覚をどうすることもできず、だからといって誰かに相談することもできないまま、毎日を暮らしていました。

そんな彼が半年たったある日、偶然、高校時代の旧友に再会しました。話しているうちに、旧友がうつ病で仕事を辞めたことを聞いて驚きましたが、その症状が自分のものと似ていることに気づいて、精神科へ行ってみようかと思うようになりました。

数日後に思い切って病院へ行ってみると、やはりうつ病と診断されました。そのとき彼は救われたような気持ちになったそうです。

「わけの分からないあの絶望感が、うつ病のせいなんだって分かったら、本当にホッとしたよ」

薬を飲み続けるうちに、だんだんと気持ちが楽になっていくようでした。同じ頃、異動のために勤務地が変わり、その直後から症状も消えるように良くなっていきました。

以前と同じ生活にもどるまでには、それから数ヵ月かかりましたが、その間に彼自身が努力したことは、薬を指示通りに服用することだけでした。精神科医との面談は五分、長いときで一五分です。うつ病のことは家族も知らず、誰にも話していません。心の弱い人だと思われるのがいやで、話すことができなかったそうです。

三年後、うつ病が再発しました。以前と同じ倦怠感と絶望感が再びよみがえってきたのです。今回は一度経験したこともあり、「またか」と冷静な気持ちで精神科へ行きました。

「今回の再発は、職場の人間関係が原因かもしれない」と、彼はどこかでそう自覚していたので、思い切ってうつ病のことを上司に話すことにしました。幸いにも上司はやさしく、話をよく聞いてくれたそうです。

「うつ病になりやすい自分の性格が悪いんだよ」

彼は自嘲《じちょう》気味にそう言います。今もまだ薬を飲む毎日ですが、上司のおかげで勤務時間を短縮してもらい、以前よりは少し楽になり、自分に対して否定的ではなくなったそうです。

「最近思うんだけど、うつ病になって初めて、僕は他人の悩みや痛みに共感できるようになった気がするよ」

うつ病のことはまだ周囲にはなるべく隠しておきたいけれども、その反面で病気を抱える自分を許せる気持ちがあるのも確かなようでした。

## 誰も僕を治せない

Oさん（35歳・男性、既婚）は私立中学校に勤める教員です。ある時期から早朝四時になると、目が覚めるようになりました。一度目が覚めてしまうと、もう眠ることができず、起床時間になるのをじっと待ってから起き上がり、仕度をして電車に乗ります。通勤時間は片道二時間。帰宅時間は午後八時頃。いつもの通り、趣味のクラシック音楽を聴いてから寝床に向かいますが、明け方になるとまた目が覚めてしまう。

こうした生活が数ヵ月、毎日のように続きました。睡眠時間が短いので、本来なら寝不足気味のはずですが、当人は眠気をあまり感じなかったと言います。しかし体は限界だったのでしょう。季節が秋になると熱が出ました。市販の解熱剤で熱を下げるようにしていましたが、時間がたつと体がまた熱くなり始めるのが分かりました。そうした症状が数日間続くと、しだいに息苦しさを感じるようになったので、病院で診察を受けてみると肺炎と診断されました。

一週間後に退院しましたが、彼の生活は以前とは何も変わらないままでした。眠れない日々は、今でも続いています。

「僕はうつ病なんですよ」

Oさんは静かにそう言います。高校時代から自殺願望があり、精神病的な気質があることを昔から自覚していたそうです。私は彼に心療内科への受診を勧めましたが、「誰も僕を治せない」と悟ったようにつぶやくだけでした。

次は女性（31歳）のケースですが、一流大学を卒業してから外資系企業で総合職として働き、入社して三年後に結婚。出産を機に産休。その一年後に職場に復帰しました。以前は事業部にいて外回りの多い仕事でしたが、積極的な性格を生かして業績を上げていました。産休後は社内でデスクワークだけを担当するようになりました。希望する部署ではありませんでしたが、仕事には生きがいを感じていたと言います。

しかしその後、不況でリストラが続いて、退職した人の仕事がまわってきました。書類の量は倍増しましたが、それでも仕事のペースを下げずに納得のいくまでやり続けました。さらに別の同僚が病気のために長期の休職届を出し、その仕事も彼女が担当することになりました。仕事はどんどん増えていくばかりで、オーバーワークになっていることを自覚しながら、彼女はただ目の前に積み重なった書類を片付けることしか考えられませんでした。そしてある日、思わぬミスで上司から怒られ、その翌日から、強い吐き気がして通勤できなくなりました。

「医者はうつ病って言うけど、そんなことないわ。私は元気だもん」

退職してからは専業主婦で忙しい毎日ですが、以前のような目の輝きは失われていました。夫の出勤を見送り、子どもを幼稚園に連れて行ったあと、自宅の居間の壁をボーッと見つめるだけで、何もやる気が起こらないときがあるそうです。

「特に晩ご飯のおかずを考えるのがつらい」

空っぽさや虚《むな》しさを感じると、人と会うのがつらくなる。病院へ行ったほうがいいのかもしれないと思う一方で、「私は病気じゃない」と強く思い込みたい気持ちになる。そうした狭間《はざま》で、本当は援助を必要としているのに、そのことを自覚することなく、重たい気持ちをいつまでも持ち続けて苦しんでいます。

## うつ病に対する偏見と誤解

うつ病の増加は日本に限らず、世界の先進国でも似たような現象がみられます。ドイツでうつ病は「国民病」と呼ばれて社会問題になっているほどです。ドイツのうつ病患者数は四〇〇万人、年間自殺者は約一一、〇〇〇人で、一日平均四人が電車へ飛び込む現状です。三万人を超える日本と比較すれば数字的には下まわっていますが、その六〇%はうつ病が自殺の動機だったといわれています。

日本でも自殺者が年間三万人を超えました。たくさんの人たちがうつ病になり、自ら命を絶つ人々が絶たないこの社会を、私たちはどのように考えたらいいのか、その中でどう生きていけばいいのでしょうか。

最近、ドイツのナショナル・チームにいたサッカー選手が自殺しました。原因はうつ病でした。

彼はうつ病であることを周囲に隠していました。その理由は、うつ病ということでナショナル・チームから外されるかもしれないこと、また新しい家族として迎え入れていた養子を大切に育てていたのに、やはり病気のせいでその育児権利を失う可能性があったからだといわれています。

そのためにドイツのメディアでは「我われの意識の中に、うつ病に対する偏見や誤解があるのではないか？」と自問自答する記事がみられました。

実際はどうなのでしょうか？

ドイツは基本的に〝強い人〟が勝つ国です。自己主張を大切にする国では、他人にはなるべく自分の弱みをみせないように自然と心が動いてしまいます。自分に自信がなくなればその時点で弱者となり、この国では〝負け犬〟としてあまり相手にされない風潮があります。男性には特に、「男は強くあるべきだ」という古くからの観念がまだ残っているところもあるのです。

自殺したサッカー選手の中に生み出された不安は、自分のしたいことができなくなる不安、心の弱さを無言で周囲から指摘される不安でした。うつ病という病気そのものの不安よりも、うつ病に対してみせるであろう人々の反応や、予想される態度の変化が、サッカー選手を最も不安にさせていたのかもしれません。

## 心理療法の必要性

私はサッカー選手の自殺に関するドイツ・メディアの主張を目にしたとき、ドイツの自己批判レベルの高さに驚きました。確かに彼を追い詰めていた不安は、ドイツ社会の雰囲気が作りだしたものといえます。それでも私の経験上、日本と比較すると、ドイツ市民の意識のほうが、明らかに心の問題に対してオープンだと思われるのです。

日本でも最近は、精神科や心療内科に通う人が増えてきているので、心の問題に関心を持つ人が多くなってきましたが、どこかでまだ〝隠し事〟のような扱いです。

ドイツ人の場合も、すべての人がいつも自分に自信があり、精神的に強いわけではありません。都合の悪いことは隠しておきますし、誰にでも調子の良いときや悪いときがあるものです。ただ、心の健康状態を気にかけることが、体が不調になったときと同じくらい大切なことだと考えられています。

私の身近であったことですが、下の階に住むドイツ人の大家さん（70歳）は、長いあいだ病気だった夫を亡くしてから、うつ状態になりました。睡眠導入剤を飲んでも眠れず、寝てもすぐに目が覚めてしまう。生きる希望がなく、何のやる気も起こらない心理状態であることは、会えば一目瞭然でした。

しばらくすると大家さんは、自宅から徒歩五分のところで開業する心理療法士に連絡をして、心理療法を受けるようになりました。治療費は保険でカバーされました。週に一回六〇分間、心理療法士と二人きりで今の心境について、亡くなった夫への想い、今までの人生で苦労してきたこと、これからの人生の希望、相続の問題など、いろいろなことを話したそうです。

話しながら泣いてしまうことも多いし、予約の時間に行くのがつらいときもありましたが、二ヵ月を過ぎる頃には、だんだんと気持ちが晴れるように感じる日が増えてきました。食欲も出て顔色も良くなり、以前は人と会うのを避けていましたが、今では地域の旅行サークルやお茶会に参加するのが楽しみで、心理療法を受ける必要もなくなりました。

別の例ですが、やはり私の知り合いの主婦（ドイツ人40歳後半）が、ストレスを感じて主治医のところへ相談に行きました十代の娘二人と失業中の夫と四人で暮らしていますが、最近はイライラ感が強く、更年期障害の兆候もあったので、地方の保養施設へ行くことになりました。そして一週間後には元気になって帰って来ました。彼女はその保養地で同じような境遇の女性と知り合い、気持ちを分かち合えたそうです。意気投合して、次の週にはその女性とオランダへ旅行に出掛けていきました。このケースも、保養施設での滞在費や治療費はすべて保険でカバーされていました。

保養施設はドイツ全国にあります。病院というよりはホテルのような建物ですが、滞在者は毎日、専門医の診察を受けること、そのほかにも心理療法、食事療法、スポーツ療法、音楽療法、絵画療法などに参加する義務があります。

保養施設へ行くのは大人だけではありません。喘息《ぜんそく》やアトピーなどの子ども、登校拒否の子ども、長期の治療が必要な場合も含めて、学校を休んで地方で治療を受けるケースがよくあります。

登校拒否気味だったある女子中学生は、母親と一緒に一週間、保養施設へ行くことになりました。治療の目的は心のケアです。毎日、心理療法を受けながら、筋肉を緩和させるトレーニング、リラクゼーションのテクニックなども学んで帰ってきました。この生徒はその後、また問題なく学校へ行けるようになり、クラスメートには保養施設での出来事を楽しそうに話していました。

## 不安の正体を知る

人生はいつもうまくいくわけではない。生きていく中で傷つき、闘い、そしてどうにか乗り越えていかなくてはならない。こうした人生の営みはドイツであろうと日本であろうと、どの国の人々にとっても同じで、民族や言語がちがっても、社会生活の中にある悩みや葛藤《かっとう》は、世界的に共通しています。そうしたことは、異国で暮らしながら現地の人々と多く接点を持つほど、強く実感されることです。

ただ、ちがいもいあります。たとえばうつ病一つを例にとっても、ドイツと日本を比べると、人々の反応や対応に相違がみられます。その中でも私が特に強く感じているちがいは、日本人はとても孤独であるということです。他人との言語コミュニケーションの量がとても少ないのです。

最近、日本でリストカットをする若者が増加していますが、彼らを支えているのは大量の薬だけです。誰にも本音や弱音を吐けず、誰ともかかわろうとしない。孤独に闘い、心の痛みを分かち合うことができないままです。

「誰にも自分の悩みを話せない」と、それが心理的な負担になり、新しい苦しみを生み出します。人に迷惑をかけたくないという気持ちがあるために、誰にも助けを求めることができないのも確かですが、しかしこれは〝勘ちがい〟した思いやりではないでしょうか。

私にはまずここに一つの問題が見えます。他人に助けを求めることが、人に迷惑をかけることになってしまう。そうならない仕組みが、社会の中にも人々の意識の中にも必要だと思うのです。

さらに、心の病には無意識的な不安が作用しているといわれますが、その不安の正体を知るためにも、心理療法の手法は不可欠です。

心理療法とは、薬を使わずにいろいろな手段を使って患者とコミュニケートしながら、体や心の痛みを取り除こうとする試みですが、患者と治療者がゆったりと時間を取って、個々の人間同士としてお互いに向き合う〝かかわり合い〟が、治療の大切な要素になっているのです。

## 人が人を癒す音楽療法

ドイツではこうした心理療法の技法の重要性がしっかりと認識されていますが、逆に日本の精神科医は、患者の不安を聞き取るほどじっくりと話をする時間がありあまりません。病院の運営の上でも一日になるべく多くの患者を診《み》なければならず、また言葉を交わすことの少なさは、心理療法の技法を精神科医が実用できないこととも関係があるでしょう。

ドイツの精神科の医師は、医師免許を取得したあとにも数年間、心理療法を学ぶことが義務づけられているので、患者が心に抱える不安の重みを軽減できるような知識と技量を持っているといえます。

にもかかわらず、ドイツのある大学病院の精神科病棟では、心理療法士が医療スタッフ・チームのリーダーでした。これは考えてみれば当然のことだといえます。心理療法士は精神科医より長い時間をかけて患者と話すので、彼らが患者一人ひとりの様子や心理的状態を、スタッフの中で最も詳しく把握しているからです。

心理療法の役目は、症状を緩和したり、〝治したり〟することよりも、一人ひとりが自分の心の世界に目を向けていくことにあります。患者が自己認識力を高めるためには、それを援助する専門家がどうしても必要になります。言葉の奥にあるものを大切に考えるスペシャリストです。

この本で紹介した音楽療法は、心理療法の手法に音を用いたもので、ヨーロッパではスタンダードな方法として広く知られています。

私はこの音楽療法をドイツで学びながら、音楽が〝言葉にならない声〟であり、その声には意外で本質的な〝自分〟が映し出されていることを知りました。意外な自分を見つめていると、いやな気分になることも、心の中に新しい躍動を感じ始めることもありました。そして、どんなときも私を理解してくれようとする音楽療法士の存在を、日常生活の中でも実感できるようになると、人とはちがう自分らしさを大切にできるようになり、自ら進んで自己改革ができるようになっていきました。


音楽療法は心をサポートしますが、音楽ではなく、人が人をサポートします。音楽は心を映し出す一つのメッセージです。音楽療法は〝音楽が人を癒す〟と思われがちですが、実際には人が人を支えています。

私がドイツから帰国して気づいたことは、日本では自治体や市民団体などが、心の支援やサポートの事業にいくら取り組んでも、援助を必要とする人ほど、そういった会合には来ない現状があることでした。

心に問題を抱えているのに、「私は病気ではない。誰の助けもいらない」と何ごとも一人で解決しようとする人や、他人とのコミュニケーションに苦手意識のある人は、そういう場を避けてしまうので、ますます孤立していく。そうした状況を打破するためには、一般の人たちが心の問題にもっと強い関心や自覚を持ち、話しかけたり語り合ったりする習慣を持つことが、今最も必要とされているのではないでしょうか。

# あとがき

音楽療法という言葉から多くの人は「音楽を聴いて心を癒すのだろう」と想像するようです。そういった経験は誰にでもよくあることなので当然かもしれません。

けれどもこの本では、楽器を習ったことがある人もない人も、「楽器を弾く」ことで普段は意識されることのない隠れた自分を見出していく事例を取り上げています。これは日本でまだほとんど知られていないドイツ音楽療法のメソッドの一つです。

ドイツ生まれの音楽療法はいくつかあるのですが、ここではとくにドイツ語圏で広く実践されているスタンダードな方法を紹介しました。

この音楽療法は「複数の参加者が好きな楽器を自由に弾く（技術不要）〝音を用いる心理療法〟」であり、とくに精神科領域で大きな効果が期待されています。思いついたままに楽器を自由に弾くので、秩序のない雑音のような音楽になるのですが、無意識的に弾かれた音だからこそ、そこに演奏者の意識下の世界が映し出されていると考えられています。

したがって、この本の中で言われる「音楽」とは、作品のように〝出来あがったもの〟ではなく、いわゆる〝偶然の産物〟です。しかしそこで参加者は思いがけないものと出会い、それにより自分や周囲との関係性が見直されていくという経験をすることになるのです。

さらにこの音楽療法の特徴としては、音楽を媒体にすることで心に深い悩みを抱える人、悩みをなかなか話せない人、心の不調に対して自覚のない人にとっても、気おくれすることなく参加できる療法であること、乳幼児から寝たきりの高齢者、重い精神疾患の患者や言葉の不自由な人など、幅広い層に〝心の不調の原因を探す手がかり〟を提供できることなどを挙げることができます。

私は二〇〇〇年に渡独して、ドイツ西北の大学町ミュンスターで学び、ドイツの認定音楽療法士の資格を取得しました。その後もドイツの大学で臨床研究や実践活動を続けているうちに、いつの間にか私のドイツ滞在は十年を超えていました。

この本を書き始めた最初のきっかけは、私がドイツで学び得たことを一度自分の言葉で捉え直し、まとめておきたいと思ったからでした。

また、私は帰国のたびに「ドイツの音楽療法ってどんなものですか？」という質問を受けました。楽譜のない自由な演奏が心の治療につながっていくことを説明しますが、相手はいつもどこか消化不良な様子で、そんなもどかしい経験が、本という形できちんと伝えたい、知ってもらいたいという気持ちをしだいに強くさせていきました。

二〇一〇年二月、永く住み慣れたドイツを離れて日本に帰国してから、私は東京で「ドイツ音楽療法センター」という団体を立ち上げました。ここを通してドイツではどんな音楽療法が行われているのかを、なるべく分かりやすく伝える活動を始めています。

日本でも看護師や社会福祉士など介護職の人たちをはじめ、一般の人々のドイツ音楽療法への関心度も高まりつつあり、とくにメンタルヘルスケアの分野で、従来にはない何か新しいものを求めている気配を感じます。

「心の病気一歩手前の人たちが日本にはたくさんいるから、どうにかしてあげて！」というたくさんの声を聞きながら、いま私は普及活動にいっそう力を注いでいく準備を進めています。

最後になりますが、この本が出版されるまでの間、たくさんの方々のお世話になりました。とくに、最初に原稿を読みアドバイスをくれた両親をはじめ、励ましの言葉をかけていただいた波多野一恵さん、いつも快く相談に応じてくださった翻訳家の大地舜さん、音楽療法に強い関心を持っていた故中村信一郎さん、そして私の執筆活動を支え、出版にあたって格別お世話になったアルク出版企画の秋山晃男さんに、心からの感謝を申し上げます。

内田博美

平成二十三年一月　東京

## 【事例引用・資料】

### 1

**「原因不明の慢性頭痛に悩むAさん」の事例**

Tüpker, R. (Hg.): Nichts ist ohne Grund. In:Konzeptentwicklung musiktherapeutischer Praxis und Forschung. LIT Verlag Münster, 1996

**「睡眠障害と体の痛みを訴えるK氏」の事例**

Tüpker, R. (Hg.): Nichts ist ohne Grund. In:Konzeptentwicklung musiktherapeutischer Praxis und Forschung. LIT Verlag Münster, 1996

**「自分を周囲から遮断しているパーキンソン病のH氏」の事例**

Weymann E./Przybyla W.: Musiktherapie in der Neurologie. In:Materialien zur Musiktherapie und Morphologie. Hefte 4, Institut für Musiktherapie und Morphologie, 1991

**「脳梗塞で入院しているE氏」の事例**

Weymann E./Przybyla W.: Musiktherapie in der Neurologie. In:Materialien zur Musiktherapie und Morphologie. Hefte 4, Institut für Musiktherapie und Morphologie, 1991

**「完璧主義で拒食症のWさん」の事例**

筆者の実践記録から。

### 2

**「私は精神病なの？　デイケアに通う女子大学生Eさん」の事例**

筆者の事例記録から。

**「話せないけど歌うアルツハイマーのTさん」の事例**

Tüpker, R./Wickel, H.H.(Hg.): Musik bis ins hohe Alter. LIT

Verlag Münster, 2001
「失ったものを取りもどす認知症のFさん」の事例
Schneberger-Nowitzky,S. : Die Anwendbarkeit von Musiktherapie in Abhängigkeit vom Fortschreiten dementieller Erkrankungen. Diplomarbeit Studiengang Musiktherapie Universität Münster, 2001
「闘犬による児童殺傷を目撃した子ども」の事例
Mitzlaff, S.: Traumaverarbeitungsprozesse in der Gruppenmusiktherapie mit Kindern. In:Musiktherapeutische Umschau. Band 23/3, 219-231, Vandenhoeck & Ruprecht Göttingen, 2002
「多すぎる愛情の弊害に苦しむダウン症のRさん」の事例
セミナーの資料から。

## 【参考文献】

### 音楽医学

Decker-Voigt,H.H.(Hg.): Schulen der Musiktherapie. Ernst Reinhardt Verlag München, 2001

### ドイツの音楽療法

Bruhn, H.: Musiktherapie Geschichte-Theorien-Methoden. Hogrefe- Verlag Göttingen, 2000
Decker-Voigt,H.H.(Hg.): Schulen der Musiktherapie. Ernst Reinhardt Verlag München, 2001
Decker-Voigt, H.H./Knill, P.J./Weymann, E. (Hg.):Lexikon Musiktherapie. Hogrefe-Verlag Göttingen, 1996（阪上正巳、加藤美知子、斎藤孝由、他訳：『音楽療法事典』人間と歴史社、東京、1999）

Rombach, J.: Entwicklungen der Musiktherapie in der BRD bis 1989. Diplomarbeit Studiengang Musiktherapie Universität Münster, 1997
Nöcker-Ribaupierre, M.: Ambulante Musiktherapie in Europa. In:Musiktherapeutische Umschau, Band 24/1, 26-31, Vandenhoeck & Ruprecht Göttingen, 2003
Frohne-Hagemann, I.(Hg.): Musik und Gestalt. Vandenhoeck & Ruprecht Göttingen, 1999
Frohne-Hagemann, I.: Fenster zur Musiktherapie. Reichert-Verlag Wiesbaden, 2001
Lichte, H.:Zufrieden-als Musiktherapuet!? In:Musiktherapeutische Umschau, Band 21/3, 204-215, Vandenhoeck & Ruprecht Göttingen, 2000

**精神分析的音楽療法**

Metzner, S.: Psychoanalytische Musiktherapie. In: Decker-Voigt, H.H.(Hg.) Schulen der Musiktherapie. Ernst Reinhardt Verlag München, 2001
Mahns,W.: Symbolbildung in der analytischen Kindermusik-therapie. LIT Verlag Münster, 2004.
Niedecken, D.: Namenlos. Geistig Behinderte verstehen. Luchterhand Verlag Berlin, 1998
Decker-Voigt,H.H.: Aus der Seele gespielt. Wilhelm Goldmann Verlag München, 2000（加藤美知子訳『魂から奏でる』 人間と歴史社、東京、2002）
Metzner, S.: Tabu und Turbulenz. Musiktherapie mit psychiatrischen Patienten. Vandenhoeck & Ruprecht Göttingen, 1999

Priestley, M.: Analytische Musiktherapie. Klett-Cotta Stuttgart, 1983

**グループ音楽療法**

Slavson, S.R.:Analytische Gruppentherapie. S. Fischer Verlag Frankfurt am Main, 1977
Heigl-Evers, A.: Konzepte der analytischen Gruppentherapie. Vandenhoeck & Ruprecht Göttingen,1978
Seifert, W.: Gruppendynamik-Veränderung durch Selbsterfahrung. Kiepenheuer & Witsch Köln, 1982
Argeländer,H.: Gruppenprozesse Wege zur Anwendung der Psychoanalyse in Behandlung, Lehre und Forschung. Rowohlt Taschenbuch Verlag Hamburg, 1972
Schmidbauer, W.: Wie Gruppen uns andern. Rowohlt Taschenbuch Verlag Hamburg, 1999
Richter, H.E.: Die Gruppe. Hoffnung auf einen neuen Weg, sich selbst und andere zu befreien. Psychosozial Verlag Giesen, 1995
Grootaers, F. G.: Bilder behandeln Bilder. Musiktherapie als angewandte Morphologie. LIT Verlag Münster, 2001

**子どもとの音楽療法**

Mahns, B.: Musiktherapie bei verhaltensauffälligen Kindern. Gustav Fischer Verlag Stuttgart, 1997
Mahns, W.: Symbolbildung in der analytischen Kindermusiktherapie. LIT Verlag Münster, 2004
Mitzlaff, S.: Traumaverarbeitungsprozesse in der Gruppenmusiktherapie mit Kindern. In:Musiktherapeutische Umschau

Band 23/ 3, 219-231, Vandenhoeck & Ruprecht Göttingen, 2002
Irle, B./Müller, I.: Raum zum Spielen-Raum zum Verstehen. LIT Verlag Münster, 1996
Nordoff, P/Robbins, C.: Schöpferische Musiktherapie. Gustav Fischer Verlag Stuttgart, 1986
Nordoff, P./Robbins, C.: Musik als Therapie für behinderte Kinder. Klett-Cotta Stuttgart, 1975
Haffa-Schmidt, U./von Moreau, D./Wolfl, A. (Hg.): Musiktherapie mit psychisch kranken Jugendlichen. Vandenhoeck & Ruprecht Göttingen, 1999

**精神病と音楽療法**

Mentzos, St.: Neurotische Konfliktverarbeitung. Fischer Taschenbuch Verlag Frankfurt am Main, 2000
Mentzos, St.: Depression und Manie. Vandenhoeck & Ruprecht Göttingen, 2001
Petersen, P. (Hg.): Forschungsmethoden künstlerischer Therapien. Mayer Stuttgart, 2002
Tolle, P.: Psychiatrie,13 aktualisierte Auflage. Springer Berlin, 2003
Benedetti, G.: Todeslandschaften der Seele. Vandenhoeck & Ruprecht Göttingen, 1991
Balint, M.: Therapeutische Aspekte der Regression. Klett-Cotta Stuttgart, 1997 (中井久夫訳『治療論からみた退行−基底欠損の精神分析』金剛出版、東京、2000年)
Brentzel, M.: Sigmund Freuds Anna O. Das Leben der Bertha Pappenheim. Reclam Leipzig, 2004
Deuter, M.: Beziehungsformen in der musiktherapeutischen

Arbeit mit psychotischen Patienten. “Wo treffen wir uns, wenn wir uns nicht treffen?” In:Tüpker, R. (Hg.) Konzeptentwicklung musiktherapeutischer Praxis und Forschung. LIT Verlag Münster, 1996

Haubitz, S.: Vergleichende Untersuchung zum Verlauf zweier Musiktherapiegruppen in der Psychiatrie. Diplomarbeit Studiengang Musiktherapie Universität Münster, 1999

Kunkel, S.: “Sein” oder “Nicht-Sein” Musiktherapie mit einem schizophrenen Patienten. In:Tüpker, R. (Hg.) Konzeptentwicklung musiktherapeutischer Praxis und Forschung. LIT Verlag Münster, 1996

**精神分析・発達心理学**

Freud, S.:Vorlesungen zur Einführung in die Psychoanalyse. Fischer Taschenbuch Verlag Frankfurt am Main, 2000（高橋義孝他訳、『フロイト著作集1、精神分析入門』人文書院、京都、2000）

Auchter, Th./Strauss, L.V.: Kleines Wörterbuch der Psychoanalyse. Vandenhoeck & Ruprecht Göttingen, 2003

Dornes, M.: Die emotionale Welt des Kindes. Fischer Taschenbuch Verlag Frankfurt am Main, 2001

Dornes, M.: Der kompetente Säugling. Fischer Taschenbuch Verlag Frankfurt am Main, 2001

Stern, D. N.: Die Lebenserfahrung des Säuglings. Klett-Cotta Stuttgart, 2003

Tyson, Ph./Robert, L.: Lehrbuch der psychoanalytischen Entwicklungspsychologie. Kohlhammer Stuttgart, 2001

Armstrong, L.: Freud für Kinder. Focus Verlag Giesen, 1990

Körner, J.: Arbeit an der Übertragung? Arbeit in der

Übertragung! In: Forum der Psychoanalyse. 209-223 Springer Berlin, 1989.
Bowlby, J.: Frühe Bindung und kindliche Entwicklung. Ernst Reinhardt Verlag München, 2001
Endres, M./Hauser, S. (Hg.): Bindungstheorie in der Psychotherapie. Ernst Reinhardt Verlag München, 2002
Elisacheff, C.: Das Kind, das eine Katze sein wollte. Psychoanalytische Arbeit mit Säuglingen und Kleinkindern. Deutscher Taschenbuch München, 2001
Israel, L.: Die unerhörte Botschaft der Hysterie. Ernst Reinhardt München, 2001

**内田博美**（ドイツ認定ディプロム音楽療法士）

東京都出身。国立音楽大学ピアノ科卒業、横浜国立大学大学院教育学研究科修了、2000年から2010年まで在独。ミュンスター大学博士課程で音楽療法を研究し、精神科病棟・障害者施設・幼稚園などで音楽療法の仕事に携わる。現在は「ドイツ音楽療法センター」の代表を務める。

ドイツ音楽療法センター http://gmtc.web.fc2.com/



もう一人の自分と出会う 音楽療法の本

二〇一一年四月八日　初版発行

著　者　内田博美

発行人　秋山晃男

発行所　株式会社アルク出版企画

東京都千代田区神田神保町一―三七 友田三和ビル５Ｆ

電話　〇三―五五七七―六一三一

ＦＡＸ　〇三―五五七七―六一三二

印刷所　株式会社平河工業社





ISBN978-4-901213-56-1 C-0011